좋은 運을 부르는
사주 명리학

좋은 運을 부르는
사주 명리학

평정 **주성민** 지음

맨 처음 사주 명리학에 관심을 가지게 된 것은 필자의 가족력에 기인한다. 어렸을 때부터 눈도 안 보이는 맹인이 필자의 사주를 봐주었다는 이야기, 도술과 축지법을 하는 집안 어르신 이야기, 삼재 때마다 절에 가서 등을 달고, 철학원에 가서 태어나는 자손들의 작명을 하는 등 사주 명리학, 노장사상, 종교, 민간신앙 등이 자연스럽게 어우러진 가정 환경에서 자랐다.

또 하나의 계기는 교직 생활 32년간 담임으로서, 진로진학상담 부서에서 학생들과 학부모들의 상담 업무를 맡게 되었다. 그때 도움이 될까 하여 U&I, NLP, Hypnosis 등을 위시하여 사주 명리학까지 공부하기에 이르렀다. 교직 후반 10여 년간은 진로진학상담 교사로 활동하며 적성과 흥미, 대학 학과 등을 사주와 접목하는 연구도 해 보았다.

올해 명예 퇴직을 하며 교직을 떠나 온전히 사주 역학 상담사(사주 상담사)의 길로 들어서게 되었다. 상담사로서 역술가로서 필자의 모토는 단순하다. '강점 및 자원 중심으로 상담 및 사주 명리학을 해석하고 통변하겠다'라는 것이다. 이는 병리 증후군보나는 기본욕구를 짚는 U&I 검사, 자원을 중시하는 NLP(신경언어프로그래밍) 상담, 미래를 모색하는 진로진학상담학 전공 등에서 영향을 받은 바 있다. 실제로 이러한 관점에서 간명을 실시한 결과 엄청난 시너지 효과를 보았고, 내담자의 만족도도 매우 높았다.

내담자 중에 자수성가하였으나 자존감이 높아 주변 사람들에게 속을 털어 놓지 못하는 사람이 있다. 그는 힘들 때, 중요한 결정을 내려야 할 때 필자를 찾아왔다. 사실 결정은 이미 났고 실행 계획도 준비되었는데 왜 오느냐고 물어보았다. 불안과 스트레스를 토로하고, 위안을 받고, 일을 진행할 힘과 확신을 얻기 위해서라고 하였다.

그런 면에서 사주 역학 상담은 카운슬링과 컨설팅이 원스톱으로 이루어져야 한다. 동감도 하고 문제 해결도 같이 해줄 수 있어야 한다. 어려움을 하소연하고, 위로 받고, 힘을 얻은 상태에서는 팩트를 체크할 수 있는 냉철함을 갖게 된다. 더불어 대안, 목표 상태, 도달하는 경로 등의 단계를 함께 가주면 최상일 것이다.

사주는 매우 중립적인 그 어떤 것이다. 사주 상담사는 세속의 잣대로 부, 명예, 권력이 있는 사주가 무조건 좋다는 전제를 경계할 일이다. 사주 명리학은 신살 같은 것으로 내담자를 기분 나쁘게 위협하는 미신도 아니다. 엄연히 수천 년부터 축적된 지식과 임상에 기반한 통계학이다.

- 전국시대 BC 403년~BC 207년, 약 2,500년 전으로 공자와 동시대인 귀곡자는 《귀곡자찬》을 저술하였고, 일주 위주 이론을 정립하였다.
- 낙록자는 BC 367년 초 《소식부》를 저술하였고, 사주팔자 체계를 처음으로 사용하였다.
- 제나라의 추연은 음양이론의 기틀을 마련한다.

오랫동안 출간을 꿈꾸었던 이 책에서 그동안 공부한 지식과 임상을 토대로 필자가 이해한 것을 온전히 필자가 사용하는 언어로 집필하려고 노력하였다. 타고난 사주 팔자, 대운과 세운의 씨줄과 날줄의 짜임과 흐름 속에서 시대상에 맞는 강점이나 자원을 찾아 주고 싶었다. 살아가는 힘과 미래를 꿈꾸게 도와주는 사람이 되고 싶었다.

이 책의 내용은 시주 및 연주 세우기, 행운의 숫자 하도 후천수 등 사주 명리학을 공부하면서 간과하기 쉬운 것들, 생활 속에서 활용할 수 있는 것들, 외우기 복잡한 것들을 간단히 해결하는 공식 및 비법 등을 담았다. 마지막 부분에서는 삼재, 풍수지리, 이사 길일, 외국인 사주 간명 등도 기본 상식 선에서 첨부하였다.

끝으로, 사주 상담사의 길로 들어서는 것을 학자의 길로 인정해주신 모친과 지난 1년 간 지병으로 고생할 때 옆에 있어준 사랑하는 딸, 이 책의 출간을 도와주신 박형규 박사님, 함께 공부하고 배움을 주신 모든 분들께 이 자리를 빌려 깊은 존경과 감사의 말씀을 드린다. 항상 건강과 행운이 힘께 하시길 기원드린다.

임인년 망원동
평정 **주성민**

...차례...

- 서문 4

제1장 사주 명리학의 세계관 25

제1절 무극에서 태극으로 27
제2절 오행(五行) 29
    1 오행의 기운 29
    2 오행의 생극 관계 31
    3 생극의 활용 33
제3절 음양(陰陽) 이론은 사주 명리학 및 이진법의 기원 34
    1 음양이란 34
    2 사주 명리학의 음양은 천간과 지지이다 36
    3 사주 명리학은 시간의 학문이다 37

제2장 사주 명리학의 역사와 변천 39

제1절 선사시대 41
    1 음양오행의 시초 41
    2 팔괘의 창시 41
    3 천간 지지 및 60갑자 고안 42
    4 낙서의 후천수 43
제2절 역사시대 44
    1 은, 주, 춘추전국시대 44
    2 진, 한나라 45

제3절 당, 송, 명, 청나라의 사주 명리학 47
  1 당나라 47
  2 송나라 47
  3 명나라 48
  4 청나라 48

제4절 동양의 근·현대 사주 명리학 49
  1 중국 49
  2 한국 49
  3 일본 50

제3장 십신(十神) 또는 육친(六親)이란 51

제1절 십신과 육친은 동일한가 54
  1 십신(十神)이란 54
  2 육친(六親)이란 55

제2절 천간과 지지 속에 있는 십신 또는 육친 설정 및 성질 56
  1 십신(十神) 설정 56
  2 십신(十神)의 일반적인 성질 58
  3 육친(六親)과 인간 관계 60
  4 십신(十神) 관련 용어 및 사자성어 61

제4장 천간과 지지의 배합......63

제1절 천간과 지지 ... 66
1. 10천간(天干) ... 66
2. 12지지(地支) ... 67

제2절 천간과 지지의 배합 ... 69
1. 정배(正配) ... 70
2. 착배(錯配) ... 70
3. 60간지표 ... 71

제5장 천간오합(天干五合), 지지육합(地支六合)......73

제1절 천간오합(天干五合) ... 77
1. 갑기합(甲己合) ... 77
2. 을경합(乙庚合) ... 78
3. 병신합(丙申合) ... 78
4. 정임합(丁壬合) ... 78
5. 무계합(戊癸合) ... 78

제2절 지지육합(地支六合) ... 79
1. 자축합(子丑合) ... 79
2. 인해합(寅亥合) ... 79

　　　　③ 묘술합(卯戌合) ……………………………………… 80
　　　　④ 진유합(辰酉合) ……………………………………… 80
　　　　⑤ 사신합(巳申合) ……………………………………… 80
　　　　⑥ 오미합(午未合) ……………………………………… 80
　　제3절 합(合)이란? ……………………………………………… 81
　　　　① 합(合)은 좋은가? …………………………………… 81
　　　　② 합(合)이 되면 다른 오행으로 변하는 것인가? …… 81

제6장 천간충(天干沖)과 지지충(地支沖) …… 83

　　제1절 천간충(天干沖) ………………………………………… 87
　　　　① 천간충(天干沖)의 공식 …………………………… 87
　　　　② 천간충(天干沖)이 불필요한 이유 ………………… 88
　　제2절 지지충(地支沖) ………………………………………… 89
　　　　① 지지육충(地支六沖)의 공식 ……………………… 89
　　　　② 지지충(地支沖)이 필요한 이유 …………………… 90

제7장 지지의 지장간(支藏干)과 장방시(場方時) …… 91

　　제1절 지장간(支藏干) ………………………………………… 93
　　　　① 12지지의 지장간 …………………………………… 94
　　　　② 정기(正氣), 중기(中氣), 여기(餘氣) ……………… 94

　　　　③ 생지(生支), 왕지(旺支), 고지(庫支) 95
　제2절 장방시(場方時) 96
　　　　① 24시간 97
　　　　② 12개월 97
　　　　③ 4계절 97
　　　　④ 4방향 98
　　　　⑤ 장소 98

제8장 삼합(三合), 형(刑), 해(害) 또는 천(穿) 99

　제1절 삼합(三合) 101
　　　　① 삼합(三合) 101
　　　　② 조열(燥熱)과 한습(寒濕) 102
　　　　③ 육합(六合)과 삼합(三合) 비교 103
　제2절 형(刑) 104
　　　　① 삼형(三刑) 104
　　　　② 자형(自刑) 104
　제3절 해(害) 또는 천(穿) 105
　　　　① 합(合)과 해(害) 또는 천(穿) 비교 105
　　　　② 천(穿)의 종류 106

제9장 4대 고장지(庫藏支) 109

제1절 천원지방(天圓地方)과 고장지 111
1. 천간과 지지의 오행 및 장방시(場方時) 112
2. 명칭과 지장간 112

제2절 고장지의 명칭과 배치 연유 114
1. 고장지의 명칭 114
2. 고장지의 위치 115
3. 고장지 배치 이유에 대한 고찰 115

제10장 4대 고장지로 오행고, 십신고 정하기 117

제1절 4대 고장지와 오행 119

제2절 4대 고장지와 십신고 121
1. 일간의 십신 책정법 121
2. 일간의 십신고 책정 사례 122

제3절 일간의 십신고의 유무 124
1. 일간에 없는 십신고 124
2. 십신고가 없는 경우 대안 125

제11장 형(刑)·충(沖)·회(會)·합(合)으로 지장간 투출......127

제1절 지지(地支) 변동(變動) 129
① 무엇이 동(動)하는가? 130

제2절 지장간(地藏干) 투출 133
① 합(合), 충(沖), 형(刑), 회(會), 자충(自沖)과 자형(自刑) 133
② 4대 고장지(庫藏支) 134

제12장 12운성(運星)......137

제1절 포태법(胞胎法) 139
① 양포태법(陽胞胎法) 140
② 음포태법(陰胞胎法) 142

제2절 12운성의 성질 144

제13장 12운성(運星)과 12신살(神殺) 비교......149

제1절 12운성(運星)과 12신살(神殺) 비교 151
① 기준 151
② 12운성은 일간 기준 152
③ 12신살은 띠 기준 152
④ 차이점 153

5 적성과 흥미 153

제2절 12신살(十二神殺) 154

    1 12신살 정하는 법 154

    2 12운성 정하는 법 복습 155

    3 12신살의 특성 156

제14장 한 칼 쓰는 양인살(羊刃煞) 159

제1절 양인살(羊刃煞)이란 161

    1 살(殺)과 살(煞)의 이해 161

    2 양인살(羊刃煞)의 의미 162

    3 양인살, 겁재(劫災), 제왕(帝旺)의 이해 163

제2절 양인살(羊刃煞)의 조건 164

    1 양인살의 조건 164

    2 양인살의 간지(干支) 165

제3절 계축(癸丑)은 양인(羊刃)인가 166

    1 계축이 양인이라는 반대 근거 166

    2 계축이 양인이라는 찬성 근거 166

    3 결론 167

제15장 괴백양살(魁白羊煞) 169

제1절 괴강살(魁罡煞) 171
1. 괴강살이란 171
2. 괴강살의 간지(干支) 172
3. 괴강살 일주(日柱) 강점 173

제2절 백호살(白虎煞) 174
1. 백호살이란 174
2. 백호살의 간지(干支) 175
3. 백호살을 가진 사람들 176

제3절 괴백양살(魁白羊煞) 간단 비교 177
1. 괴백양살이란 177
2. 괴백양살 간의 비교 177

제16장 서울대 귀문관살, 비판자 원진살, 손재주 현침살 179

제1절 귀문관살(鬼門關煞) 181
1. 귀문관살이란 181
2. 귀문관살 지지(地支) 183

제2절 원진살(怨嗔煞) 184
1. 원진살이란 184

② 원진살의 지지(地支) 185
　제3절 현침살(縣針煞) 186
　　① 현침살이란 186
　　② 현침살의 간지(干支) 187

제17장 천을귀인(天乙貴人)은 부적이다 189

　제1절 천을귀인(天乙貴人) 191
　　① 천을귀인이란 191
　　② 천을귀인은 부적이다 193
　제2절 천을귀인 찾기 194
　　① 천을귀인 천간(天干)과 지지(地支) 194
　　② 천을귀인 길일에 활용 195

제18장 상문조객살(喪門弔客煞), 길일(吉日), 액(厄)막이 197

　제1절 상문조객살(喪門弔客煞) 199
　　① 상문조객살이란 199
　　② 상문조객살 찾는 법 200
　　③ 상문조객살은 삼합(三合) 관계 202
　제2절 상문조객살 길일(吉日)과 액(厄)막이 203
　　① 상문살과 조객살 중 어느 날이 좋은가 203

2 명조 내 상문살과 조객살의 좋은 위치 204
　　3 조객살에 해당하는 날이 길일(吉日)이다 204
　　4 문상 전후 예방 및 액막이 206

제19장 삼재(三災) 계산법, 액(厄)막이 207

　제1절 삼재(三災) 209
　　1 삼재란 209
　　2 삼재 찾기 210
　　3 충(沖)으로 삼재 찾기 211
　　4 묘고(墓庫)로 삼재 찾기 211
　제2절 삼재 액(厄)막이 212
　　1 삼재 액막이하는 법 212
　　2 삼재의 의의 213

제20장 공망(空亡)_ 과잉의 시대 끝없는 갈망 215

　제1절 공망(空亡) 217
　　1 공망이란 217
　　2 공망 잡는 법 219
　　3 연습 219

제2절 공망의 다른 이름 ... 221
    1 갈망이라는 의미의 공망 ... 221
    2 과잉의 시대 공망의 교훈 ... 222

제21장 개운하는 행운의 숫자 ... 225

제1절 사주의 보완 ... 227
    1 사주를 보완하려면 ... 227
    2 선천수(先天數)와 후천수(後天數) ... 229

제2절 하도의 후천수 ... 230
    1 하도의 후천수 설정법 ... 230
    2 좋은 사주란 ... 232
    3 활용 방법 ... 232
    4 활용 예시 ... 233

제22장 길운을 부르는 손(損) 없는 날 이사 ... 235

제1절 손(損) 없는 날 ... 237
제2절 손(損) 없는 날과 길방(吉方) ... 240
제3절 이사 액막이 ... 243

제23장 **손으로 출생시간 시주(時柱) 세우기** 247

　제1절 시주 세우기 기본 249
　　　1 시주 세우기 필수 요소 250
　　　2 시주 세우기 순서 251
　제2절 손으로 시주 찾는 법 252
　　　1 손가락 마디 짚기 요령 252
　　　2 시주 세우기 연습 문제 253

제24장 **출생연도 연주(年柱) 세우기** 255

　제1절 연주(年柱) 기준 257
　　　1 연주 세우기 기준 간지 257
　　　2 기준 간지의 숫자 및 근거 258
　제2절 간지 규칙성 260
　　　1 동일한 띠 규칙성 260
　　　2 연주 세우기 연습 문제 262

제25장 **외국인 사주 간명(看命)** 265

　제1절 외국인 간명 267
　　　1 한국 기준으로 환산해서 간명하는 방법 269
　　　2 출생국 기준 그대로 간명하는 방법 269

제2절 환산 없이 간명해야 하는 근거 270
    ① 환산 없이 간명해야 하는 근거 270
    ② 생년월일의 고유성 271

제26장 풍수지리(風水地理)로 보는 왼손잡이 273

제1절 왼손잡이와 좌우뇌 이론 275

제2절 풍수지리 277
    ① 풍수지리 기본 지식 277
    ② 불일치하는 동물 278

제3절 풍수지리가 비선호하는 왼손잡이 279
    ① 청룡은 움직이면 안 된다 279
    ② 생활 속 풍수지리 흔적 280
    ③ 두뇌가 선호하는 왼손잡이 280

제27장 차례상·제사상 관련 사자성어 283

제1절 제사상의 음양오행 285
    ① 오행의 색, 방위, 4방위신 286
    ② 제사상 관련 사자성어 정리 287
    ③ 제사 음식의 과잉 289

제28장 세시풍속 및 민간 신앙, 미신 291

제1절 세시풍속 ... 293
1. 세시풍속이란 ... 293
2. 세시풍속 명절 ... 294

제2절 명절 문화와 민간 신앙 ... 295
1. 설날과 추석 ... 295
2. 정월대보름 ... 296
3. 광군절, 농업의 날 11월 11일 ... 298
4. 민간 신앙 및 미신 ... 298

제1장 사주 명리학의 세계관

좋은 운을 부르는 사주 명리학

제1절 무극에서 태극으로
제2절 오행
　　① 오행의 기운
　　② 오행의 생극 관계
　　③ 생극의 활용
제3절 음양 이론은 사주 명리학 및 이진법의 기원
　　① 음양이란
　　② 사주 명리학의 음양은 천간과 지지이다
　　③ 사주 명리학은 시간의 학문이다

제1절
무극에서 태극으로

태초에 무극(無極)이 있었다. 무극이 팽창하여 극에 달하는 것을 태극(太極)이라고 한다. 팽창된 태극은 폭발하여 양의(兩儀)로 갈라지며, 이를 음(陰)과 양(陽)으로 명명한다. 음과 양의 조화로 땅과 인간이 생겼다.

음양의 조화로 생긴 것 중에서 가장 기본적인 속성은 오성(五星)이다. 서양에서는 우주가 팽창하고 빅뱅을 거쳐 우주는 지금도 더욱 확장하고 있다고 한다.

동양에서는 우주 만물은 음양의 추동력으로 끊임없이 생성, 발산,

수렴, 소멸하는 변화의 과정을 거친다고 한다. 이에 정적인 개념이던 오성(五星)이 동적인 개념으로 진화하여 오행(五行)이라고 명명하게 된 것이다.

제2절 오행(五行)
목(木)·화(火)·토(土)·금(金)·수(水)

1 오행의 기운

1 목(木) 오행

탄생, 생성, 성장하는 기운이다.

자라는 나무에 비유하여 목(木)이라고 한다. 새싹이 움트는 것은 생명의 시작이므로 오행의 시작으로 정한다. 나무로 교량을 만들고, 건축을 하므로 생산적인 속성을 지닌다.

2 화(火) 오행

발산하며 정점에 올라가 있는 기운이다.

지구상에서 가장 높은 곳에 있는 것이 태양이다. 꽃이 피는 전성기, 활활 불타오르는 것을 연상할 수 있다. 하늘에서 만물을 비추는 당당함과 어둠을 계몽하는 빛의 속성을 지닌다.

3 토(土) 오행

안정의 기운이다.

땅은 하늘 아래 평평하게 존재하며 바다와 산, 생명체 등의 터전이 된다. 유지하고, 보호하며, 평등하게 품어주는 넉넉한 속성을 가진다.

4 금(金) 오행

수렴하고 종결하는 기운이다.

가을에 벼 이삭이 여물고, 열매가 맺는 상이다. 쭉정이를 추려내고, 사건의 시시비비를 가려야 하므로 판결자의 속성을 가진다.

5 수(水) 오행

정지하여 정체하는 기운이다.

물은 가장 낮은 땅 속에서 존재감을 드러내지 않는다. 동면하면서 봄이 오기를 기다리는 인내의 속성이 있으며, 에너지의 소모를 최소화하는 지혜를 강구한다.

② 오행의 생극 관계

1 생(生)하는 관계

순차적으로 생성 및 만들어 준다는 의미

목(木) → 화(火) → 토(土) → 금(金) → 수(水)
　　　生　　　生　　　生　　　生

목(木)은 화(火)를 생하고, 화(火)는 토(土)를 생하고, 토(土)는 금(金)을 생하고, 금(金)은 수(水)를 생하고, 다시 수(水)는 목(木)을 생한다.

목생화, 화생토, 토생금, 금생수, 수생목으로 필수 암기 사항이다. 어려우면 다음과 같은 비유로 이해한다.

목(木)이 화(火)를 생한다는 비유하자면 불을 피우려면 나무가 필요하다는 것이다. 나무가 성장하여 꽃을 피우는 것이다.

화(火)는 토(土)를 생한다는 불로 흙을 굽는다. 도자기는 불에 구워야 단단해진다. 태양이 땅을 비추는 것이다.

토(土)는 금(金)을 생한다는 땅 속에 금(金)이 있다. 돌에 보석이 박혀 있는 모습, 고분에서 유물을 발굴하는 모습이다. 땅에서 단단한 열매를 맺는 것이다.

금(金)은 수(水)를 생한다는 샘을 파려면 금속 연장이 필요하다. 물을 끌어 올리는 펌프가 필요하다. 물은 상수관을 통해 수도배관으로 집집이 연결된다. 단단한 열매 속에 종자가 있다.

수(水)는 목(木)을 생한다는 물을 줘야 나무가 큰다는 것이다. 나무는 종자로부터 비롯된다.

2 극(剋)하는 관계

단계를 뛰어넘어 극복하며 통제한다는 의미

목(木) → 토(土) → 수(水) → 화(火) → 금(金)
　　　剋　　　　剋　　　　剋　　　　剋

목(木)은 토(土)를 극하고, 토(土)는 수(水)를 극하고, 수(水)는 화(火)를 극하고, 화(火)는 금(金)을 극하고, 금(金)은 목을 극한다.

목극토, 토극수, 수극화, 화극금, 금극목으로 필수 암기 사항이다. 어려우면 다음과 같은 비유로 이해한다.

목(木)은 토(土)를 극한다는 나무가 흙의 자양분을 취한다. 자식은 부모의 희생으로 큰다.

토(土)는 수(水)를 극한다는 제방이 물을 가두며 치수한다. 씨앗은 땅 속에 있다.

수(水)는 화(火)를 극한다는 물이 불을 끈다. 현명한 사람은 말이 앞서지 않는다.

화(火)는 금(金)을 극한다는 불이 금속을 제련한다. 정서가 이성을 이긴다.

금(金)은 목(木)을 극한다는 도끼가 나무를 찍는다. 논리가 강하면 행동하기 어렵다.

③ **생극의 활용** : 십신(十神)과 육친(六親)으로 활용

- 내가 생하는 오행은 식상(食傷)이다.
- 내가 극을 당하는 오행은 관성(官星)이다.
- 내가 극하는 오행은 재성(財星)이다.
- 나를 생하는 오행은 인성(印星)이다.
- 나와 같은 오행은 비겁(比劫)이다.

제3절
음양(陰陽) 이론은 사주 명리학 및 이진법의 기원

1 음양이란

오행은 목, 화, 토, 금, 수 다섯 개의 기운을 의미한다. 오행은 서로 생하고 극하며 생성, 성장, 보존, 수렴, 소멸의 과정을 거친다. 그렇다면 이 운행을 가능하게 하는 추동력은 무엇일까? 오성을 오행으로 만드는 그 추동력이 바로 음양이다.

음양이란 높낮이, 대소, 다소, 강약, 빈부, 노소, 남녀, 자녀, 천지, 물과 불, 온냉, 희로애락, 춘하추동, 전후, 춘추, 부부 등을 의미한다. 하늘과 땅이 있어야 인류가 존재하고, 남녀가 있어야 자식이 있으며, 물과 불이 있어야 맛있는 요리를 만들 수 있다. 서로 다른 두 개가 있어야 창조적인 활동을 할 수가 있다.

상형문자(갑골문자)가 기원전 1,200년에 만들어져 3,000년의 역사를 지녔다면, 음양 이론의 기원은 〈반고 신화〉가 출현한 기원전 5,000년으로 그 역사는 어마어마하다. 그렇다면 최초의 원시적인 문자의 형태는 상형문자가 아니라 음양이며, 음의 부호(−)와 양의 부호(+)이다.

+를 펼치면 --이다. −가 두 개로 무거우니 땅으로 가라앉는다. 가벼운 것은 −로 위로 올라간다. 가벼운 것 −이 세 개가 되면 하늘을 의미하는 ☰(乾, 天)이 된다. 무거운 것 --이 세 개가 되면 땅을 의미하는 ☷(坤, 地)이 된다.

> *참고
> 사주 간명 시 여자의 사주를 곤명(坤命) 또는 여명(女命), 남자의 사주를 건명(乾命) 또는 남명(男命)이라고 한다.

음양이라는 이분법은 천하 만물을 다 표현할 수 있고, 변화를 모두 담아낼 수 있다. 이 음양 부호를 이용하여 기원전 1,040년 고대국가인 주(周)나라 문왕 시절에 괘사와 효사를 넣어 64괘를 완성하여 주역(周易)이 완성되었다.

실제로 독일 미적분의 창시자 '라이프찌히'는 주역의 기호에 착안하여 0과 1이라는 이진법을 개발하였다. 음의 짝수로 0, 양의 홀수로

1이라는 이진법 숫자는 컴퓨터 프로그래밍의 언어가 되었다. 수천 년의 시공을 뛰어넘어 AI 시대, 양자컴퓨터 시대에도 음양 이진법은 여전히 유효한 것이다.

달도 차면 기울고, 기울면 다시 차오른다. 바다에서 파도를 보면 거센 물결이 일어나 바위를 한 번 치면서 뒤로 물러나는 추동력을 얻는다. 음양은 물결과 같고 진동과 같다. 소리나 빛은 음양의 파동으로 먼 곳으로 전달된다. 음과 양이 서로 상호작용해야 움직임이 생기고, 변화가 발생한다는 이론이 음양 이론이다.

② 사주 명리학의 음양은 천간과 지지이다

사주 명리학에서는 하늘에 해당하는 것을 천간, 땅에 해당하는 것을 지지라고 명명한다. 이미 간지에서 '천간은 양, 지지는 음'이라는 음양을 전제하고 있다. 천간과 지지 안에서도 각각의 음양이 있다.

예를 들어 물이 흘러 바다로 흘러 들어가는 것을 천간으로 표현해 보자. 물이 흐르는 것은 음의 계수이며, 큰 곳에 모이면 양의 임수가 된다. 땅의 물은 수증기로 증발하여 구름이 되고, 구름은 무거워지면 다시 비로 쏟아진다. 비는 다시 높은 곳에서 낮은 곳으로 흐른다.

이러한 자연의 변화를 음양오행과 천간 지지의 문자로 표현하여, 사람도 계절과 시간·공간의 영향을 받는다 것을 연구한 학문이 사주 명리학이다.

다른 사람을 만나면 다른 세계를 만나는 것과 같았다. 상대가 외국어를 잘하면 나도 공부하게 되고, 산을 좋아하면 나도 어느 사이 마니아가 되어 있다. 옥시토신이 분비되는 기간 동안에는 서로의 세계에 동화되고, 서로의 가치관에도 영향을 미친다. 아마 그 시절이 지났다 하더라도 자신은 어떤 식으로든 전과는 달라져 있을 것이다.

자기 자신만을 비교 대상으로 놓고 보자.

어렸을 때의 나와 지금의 나는 정말 같은 사람인가? 설령 성격은 변하지 않더라도 세월은 흘러갔으며, 주변의 환경도 바뀌어 있을 것이다. 과거의 뽕밭이 세월이 지나 잠실로 변하는 것이다.

어떤 사람이라도 세월을 비껴갈 수 없으며, 오늘 흐르는 강물은 어제의 그 강물이 아닌 것이다. 같은 사람이라도 자식이 되었다가, 배우자가 되었다가, 부모가 된다. 비혼주의자라도 어린아이였다가, 어른이 되었다가, 노인이 되는 것이다. 같은 사람이지만 세월이 가고, 다른 환경에 처하고, 다른 사람을 만나면 나는 완전히 다른 사람인 것이다.

③ 사주 명리학은 시간의 학문이다

사주 명리학은 시공 중에서도 특히 시간의 흐름이 반영된 학문이다. 타고난 연월일시 사주팔자를 기본으로 한다. 십 년이면 강산도 변한다는 말처럼 운명도 달라진다고 본다. 그래서 10년 단위로 나누고 대운으로 명명한다.

기본이 되는 사주팔자의 네 기둥과 대운을 세울 때는 천간과 지지, 오행, 음양의 작용이 씨줄과 날줄처럼 정교하게 모두 고려되었음을 알 수 있다. 예를 들어 양띠 '을미년' 다음 해는 원숭이띠 '병신년'이다. 천간은 을과 병이고, 지지는 미와 신이다.

천간의 순서는 **갑**(甲)-**을**(乙)-**병**(丙)-**정**(丁)-**무**(戊)-**기**(己)-**경**(庚)-**신**(辛)-**임**(壬)-**계**(癸)이고, 지지의 순서는 **자**(子)-**축**(丑)-**인**(寅)-**묘**(卯)-**진**(辰)-**사**(巳)-**오**(午)-**미**(未)-**신**(申)-**유**(酉)-**술**(戌)-**해**(亥)이다.

같은 목(木)이라도 갑과 을은 다른 목으로 양의 갑목(甲木)과 음의 을목(乙木)으로 나뉜다. 같은 화(火)라도 양의 병화(丙火)와 음의 정화(丁火)로 나뉜다. 갑을은 모두 목이 되며, 병정은 화이다. 여기에는 '목생화'라는 오행의 생극 이론과 음양의 순서가 동시에 작용했음을 알 수 있다.

사주팔자는 시간의 학문이므로 네 기둥과 대운을 정확히 세워야 한다. 요즈음에는 간단하게 사주 관련 만세력 앱으로 쉽게 찾을 수 있다. 생년월일시, 음력인지 양력인지, 여성인지 남성인지, 윤달인지 평달인지 등을 여러 번 정확히 확인하기 바란다.

*참고

음력 윤달 태생인 경우는 양력으로 간명한다.

제2장
사주 명리학의 역사와 변천

제1절 **선사시대**
　　① 음양오행의 시초
　　② 팔괘의 창시
　　③ 천간 지지 및 60갑자 고안
　　④ 낙서의 후천수

제2절 **역사시대**
　　① 은, 주, 춘추전국시대
　　② 진, 한나라

제3절 **당, 송, 명, 청나라의 사주 명리학**
　　① 당나라
　　② 송나라
　　③ 명나라
　　④ 청나라

제4절 **동양의 근·현대 사주 명리학**
　　① 중국
　　② 한국
　　③ 일본

제1절
선사시대
3황 5제, 상고시대

1 음양오행의 시초

중국의 천지개벽의 신화인 '반고 신화'에서는 BC 5,000년, 지금으로부터 7,000년 전에 거인 반고의 시체에서 오른쪽 눈은 태양이 되고, 왼쪽 눈은 달이 되었다고 한다. 해와 달은 음양의 개념이며, 머리와 몸은 중국의 오악이 되었으니, 오행 개념의 시초가 된다.

2 팔괘의 창시 : 하도의 후천수

BC 3,512년, 지금으로부터 5,500년 전에 3황 중의 한 명인 '태호 복희'가 하수에서 용마 등의 털을 보고 팔괘를 창시하고, 하도의 후천수를 발견했다.

❖ 수오행은 1과 6, 목오행은 3과 8, 화오행은 2와 7, 금오행은 4와 9, 토오행은 5와 10이다. 현재 하도의 후천수는 사주 오행의 보완, 작명, 행운의 숫자 만들기에 활용된다.

③ 천간 지지 및 60갑자 고안

_ 황제(黃帝) 헌원이 하늘에서 10천간과 12지지를 하사 받는다. 10천간을 천원(天圓), 12지지를 지방(地方)으로 정한다.

_ 후일 대요가 10천간과 12지지를 조합하여 60갑자를 만든다. 이것이 력(歷)의 역사이며, 또한 인간의 길흉화복을 점치는 역(易)의 역사가 된다.

❖ 3황 5제는 신화 속의 인물이다. 3황의 '황'과 5제의 '제'를 합쳐서 진시황이 황제라는 명칭을 차용한다.

❖ 3황은 그물, 사냥, 팔괘를 창시한 태호 복희(太昊伏犧)가 있다. 염제 신농(炎帝神農) 또는 수인(燧人)은 불, 농업, 상업, 의약을 발명하였다. 황제 헌원(黃帝軒轅)은 배와 수레, 양잠 및 의복을 발명하였다고 한다.

❖ 5제는 황제(黃帝), 전욱(조관소호), 제곡, (당)요, (우)순 임금이다. 3황 5제는 황제(黃帝)가 겹치는 등 명칭과 발명 내용 등이 다르기도 하다.

④ 낙서의 후천수

BC 3,000년, 지금으로부터 5,000년 전, 하나라 우 임금(우왕) 시절 '대우'가 치수할 때 낙수에서 나온 거북이 등의 무늬를 낙서라 하고, '낙서(洛書)의 후천수' 구궁도를 고안한다.

- ❖ 구궁도는 마방진으로 가로, 세로, 대각선 각각의 합이 15가 된다. 감괘(북, 자) 1, 이괘(남, 오) 9, 진괘(동, 묘) 3, 태괘(서, 유) 7, 간괘(북서, 인축) 8, 손괘(동남, 진사) 4, 곤괘(남서, 미신) 2, 건괘(서북, 술해) 6이다. 이는 풍수지리, 기문둔갑, 구성학, 24절기, 태양력 365일의 토대가 된다.

- ❖ 하나라 : 중국 최초의 정식 왕조이다. 우 임금은 '요순시대'의 순 임금으로부터 선양 받아, 세습왕조 '히니리'의 시조가 된다.

제2절
역사시대
최초의 왕조, 실제로 존재한 나라

1 은(상나라), 주, 춘추전국시대

1 은나라

갑골문자와 유물에 의해 은나라(상나라)는 실존한 나라로 밝혀졌다.

은나라를 멸망시킨 주나라의 무왕이 은나라의 태사였던 기자를 찾아가 '홍범구주' 중의 첫 번째인 오행에 대하여 듣는다.

❖ 갑골문자는 BC 1,200년, 지금으로부터 3,200년 전 거북이 등껍질과 동물뼈에서 발견된 문자이다. 갑골문에는 간지 글자도 발견되었다.

2 주나라 : BC 11세기~BC 256년

BC 1,050년 주나라의 문왕은 의미가 없던 하도의 팔괘와 구궁도의 낙서의 팔괘에 괘사와 효사를 붙인다.

❖ 주역에는 8괘와 8괘를 가로 세로로 조합하여 64개의 괘사가 있다. 각 괘마다 6개의 효사(초구, 이구…)가 있으니, 64에 6을 곱하니, 모두 384개의 효사가 있다.

3 전국시대 : BC 403년~BC 207, 2,500년 전

귀곡자는 《귀곡자찬》을 저술하였고, 일주 위주 이론을 정립하였다. 귀곡자는 종횡가로, 공자와 동시대인이며, 노자와 친분이 두터웠다고 한다.

낙록자는 BC 367년 초 《소식부》를 저술하였고, 사주판자 체계를 처음으로 사용하였다.

제나라의 추연은 음양이론의 기틀을 마련한다.

② 진, 한나라

1 한나라 : BC 205년~AD 220년, 유방이 6국을 통일

회남자는 12운성과 왕상휴수사의 기원을 마련하였다.

동중서는 음양이론의 체계를 완성한다.

__왕충이 12지지에 동물의 띠를 도입한다.

❖ 진나라는 중국 최초의 통일 왕조이며, 시황제는 세계 최초의 황제이다. BC 221년 ~ BC 207년 동안 2대의 황제만 존속하였다. 'China'라는 중국의 영문명은 '진'에서 유래하였다.

제3절
당, 송, 명, 청나라의 사주 명리학

1 당나라(618~907) : 고법 당사주

- 이허중(762~813)은 《이허중명서》라는 《귀곡자찬》의 주해서를 저술하였다. 연주를 기준으로 한 오행의 왕상휴수사, 납음오행, 생극제화를 연구하였다.
- 원천강은 생년월일시를 사주 간지로 대체한 이론을 연구하였다.

2 송나라(960~1279) : 현대적 의미의 사주 명리학 시작

- 서자평(960~1127)은 고법 당사주와 분리된 사주명리학 《연해자평》을 저술하였다. 자평 명리학의 시초가 된다. 귀곡자의 일주 위주에서 일간 위주로 육친, 십신, 공망을 정했다. 월령, 용신, 격국

이론을 도입하였다. 12운성을 양간은 순행하고, 음간은 역행한다는 '양순음역' 이론을 정립하였다.

③ 명나라(1368~1644)

— 유백온(1311~1375)은 명리학의 3대 기본서 중의 하나인 《적천수》를 저술하였다. 형상과 체용의 원리를 설명하였고, 억부용신론, 형충파해 등을 정리하여 해설하였다.

— 만민영(1522~1578)은 명리학의 백과사전인 《삼명통회》를 저술하였다. 12신살, 12운성의 양순음역 등을 골고루 활용하여 간명하였고, 박학다식하였다.

④ 청나라(1644~1911)

— 심효첨은 서자평을 계승하여 명리학의 3대 기본서 중의 하나인 《자평진전》을 저술하였다. 그리고 격국론, 십신 육친의 이론을 정리하였다.

— 여춘태 역시 명리학의 3대 기본서 중의 하나인 《난강망》을 저술하였다. 또한 월령 위주로 조후법, 십간론 등의 이론을 정리하였다.

제4절 동양의 근·현대사주 명리학

1 중국

- 서락오는 명리학의 3대 기본서인 《적천수》, 《자평진전》, 《난강망》에 해석을 달았다. 현대명리학의 시조라고 한다.
- 위천리는 임상중심의 책을 저술하였다.
- 단건업은 《맹파명리》 책을 저술하였다.

2 한국

- 박재완(1908~1992)은 《명리요강》을 저술하였다.
- 이석영(1920~1983)은 임상 중심의 《사주첩경》을 저술하였다.

③ 일본

― 아부태산(1888~1969)은 《아부태산전집》, 《사주추명전집》을 저술하였다.

― 다카키쵸는 《사주추명학》을 저술하였다.

제3장

십신(十神) 또는 육친(六親)이란

제1절 **십신과 육친은 동일한가**
       ① 십신이란
       ② 육친이란
제2절 **천간과 지지 속에 있는 십신 또는 육친 설정 및 성질**
       ① 십신 설정
       ② 십신의 일반적인 성질
       ③ 육친과 인간 관계
       ④ 십신 관련 용어 및 사자성어

◆ 오성(五星)·오행(五行)은 '목(木), 화(火), 토(土), 금(金), 수(水)' 다섯 개이다. 나의 일간의 오행이 다른 간지와 상생(相生)하고, 상극(相剋)하는 관계를 십성(十星) 또는 십신(十神)이라고 한다. 십성(十星)의 '성(星)'은 격을 높여 '신(神)'으로 바꾸어 일반적으로 십신(十神)이라고 명명한다.

십신(十神)은 식상(食傷), 재성(財星), 관성(官星), 인성(印星), 비겁(比劫)으로 다섯 개인데, 음양으로 다시 세분하여 모두 열 개가 된다. 이는 육친(六親) 또는 육신(六神)이라고도 하는데, 가족의 관계 또는 사람의 관계를 나타내기 때문이다.

이 책에서는 십신, 육친, 육신을 모두 십신으로 통일하고자 한다.

제1절
십신과 육친은 동일한가

1 십신(十神)이란

— 일간(日干)이 생(生)하는 것을 식상(食傷)이라고 한다.

같은 음양일 때는 **식신**(食神), 다른 음양일 때는 **상관**(傷官)이라고 한다.

— 일간(日干)이 극(剋)하는 것을 재성(財星)이라고 한다.

다른 음양일 때는 **정재**(正財), 같은 음양일 때는 **편재**(偏財)라고 한다.

— 일간(日干)이 극을 당하는 것을 관성(官星)이라고 한다.

다른 음양일 때는 **정관**(正官), 같은 음양일 때는 **편관**(偏官)이라고 한다.

__ 일간(日干)이 생을 받는 것을 인성(印星)이라고 한다.

다른 음양일 때는 **정인(正印)**, 같은 음양일 때는 **편인(偏印)**이라고 한다.

__ 일간(日干)과 동일한 오행을 비겁(比劫)이라고 한다.

같은 음양일 때는 **비견(比肩)**, 다른 음양일 때는 **겁재(劫財)**라고 한다.

② 육친(六親)이란

__ 십신과 동일하지만 일간(日干)인 **아신(我神)**까지 포함하여, **식상, 재성, 관성, 인성, 비겁** 등 여섯 개가 된다 하여 육신(六神) 또는 육친(六親)이라고 한다. 가족관계나 인간관계를 나타낸다.

제2절
천간과 지지 속에 있는 십신
또는 육친 설정 및 성질

① 십신(十神) 설정

일주의 일간이 중심이 되어 다른 간지와의 상생상극(相生相剋)으로 십신을 정한다.

① 양(陽)의 일간인 경우

다음 사주에서는 일간인 양(陽)의 병화(丙火)가 본인이 된다.

時	日	月	年
戊무	丙병	丁정	辛신
寅인	子자	亥해	卯묘

시주	일주	월주	연주	4주(柱)
무(戊)	병(丙)	정(丁)	신(辛)	천간
_오행: 양의 토(土) _(병)화생토 : **식신**	*본인 : 일간 _일간: 병화(丙火) _오행: 양의 화(火)	_오행: 음의 화(火) _일간과 같은 오행, 다른 음양: **겁재**	_오행: 음의 금(金) _(병)화극금 : **정재**	오행 및 십신
인(寅)	자(子)	해(亥)	묘(卯)	지지
_오행: 양의 목(木) _목생(병)화 : **편인**	_오행: 음의 수(水) _수극(병)화 : **정관**	_오행: 양의 수(水) _수극(병)화 : **편관**	_오행: 음의 목(木) _목생(병)화 : **정인**	오행 및 십신

2 음(陰)의 일간인 경우

다음 사주에서는 일간인 음(陰)의 을목(乙木)이 본인이 된다.

時	日	月	年
戊무	乙을	丁정	辛신
寅인	巳사	亥해	卯묘

시주	일주	월주	연주	4주(柱)
무(戊)	을(乙)	정(丁)	신(辛)	천간
_오행: 양의 토(土) _(을)목극토 : **정재**	*본인 : 일간 _일간: 을목(乙木) _오행: 음의 목(木)	_오행: 음의 화(火) _(을)목생화 : **식신**	_오행: 음의 금(金) _금극(을)목 : **편관**	오행 및 십신
인(寅)	사(巳)	해(亥)	묘(卯)	지지
_오행: 양의 목(木) _일간과 같은 오행, 다른 음양: **겁재**	_오행: 양의 화(火) _(을)목생화 : **상관**	_오행: 양의 수(水) _수생(을)목 : **정인**	_오행: 음의 목(木) _일간과 같은 오행 및 음양: **비견**	오행 및 십신

② 십신(十神)의 일반적인 성질

1 식신 __ 착한 복록의 신이다. 내 것을 내어주고, 서비스하고, 창조하고, 양육한다. 순환하며 건강하고 활동적이다. '음식의 신'이라는 뜻이다.

2 상관 __ 미적인 감각이 있다. 내가 표현하고, 표출한다. 야망이 있다. 계산적이다. '관을 상하게 한다'는 뜻이다. 역설적으로 관(官)을 지향하며, 권력을 행사하고 싶어한다.

3 정재 __ 월급을 받는다. 보수적이며 안전하게 재테크를 한다. 신중하게 자산 포트폴리오를 구성하며 재산을 지키는데 역점을 둔다. '올바른 재산'이라는 뜻이다.

4 편재 __ 투자나 투기에 관심이 있다. 복권, 부동산, 코인, 주식 등을 산다. '편중되어 치우친 재산'이라는 뜻이다. 무리하더라도 레버리지를 활용하여 재산을 축적하려는 성향이 있다.

5 정관 __ 직장에 다닌다. 기관에 소속되어 있다. '올바른 관'이라는 뜻이다. 명예, 명분을 중시하며, 지위에 맞는 처신을 한다.

6 편관 __ 센 직업이 잘 맞는다. 성격이 강하다. '편중되어 치우친 관'이라는 뜻이다. 무소불위의 권력 행사, 오남용, 직권 남발 등을 하기도 한다.

7 정인 __ 제도권 교육이다. 국가 공인 자격증이다. 예전의 문이과에 해당한다. 내게 들어오는 것이다. '제대로 된 도장'이라는 뜻이

다. 학위, 학벌, 문서, 자격증, 실력, 인격, 인성, 채권, 주식 등이다.

8 편인 ＿ 비제도권 교육이다. 예체능, 구류업이다. '편중되어 치우친 도장' 이라는 뜻이다. 검정고시, 오타쿠, 스트레스 등도 이에 해당한다. 형이상학적 학문에 관심이 있고, 자신만의 정신 세계가 있다.

9 비견 ＿ 나의 친구, 형제, 동업자이다. '어깨를 나란히 한다' 는 뜻이다. 콩 한 쪽도 나누어 먹는다. 크게 욕심 부리지 않고 안분지족 하는 여유가 있다.

10 겁재 ＿ 경쟁자이다. 승부사 기질이 있다. '재물을 겁탈한다' 는 뜻이다. 남을 의식한다. 쟁탈의 주체자일 수도, 피해자일 수도 있다. 가스라이팅을 하는 사람, 특히 약자가 이런 가해자의 경향을 보인다. 살아 남기 위한 방편이다.

*참고

삶 속에서 십신을 적용해 보겠다. 나의 자식인 '식상' 의 이야기이다.
식상은 아침에 엘리베이터 안에서 '갑' 이라는 이웃 사람을 만났다. 친하고 안 친하고를 떠나 '식상' 은 성격 상 활기차게 먼저 인사를 건넨다. 상대방은 왠지 기분이 좋아진다.
식상은 동네에서 작은 식당을 한다. 이것이 '재성' 이다. '갑' 은 인사성 밝은 '식상' 의 단골이 된다. 서비스 좋은 맛집이라고 입소문을 타면서 손님들이 많아진다. '식상' 은 돈을 버는 대신, 몸이 너무 피곤하다. 종업원을 고용한다.
식상은 분업 체계를 갖추고, 연구 개발에 박차를 가해 '미슐랭 3 스타' 라는 영예를 얻게 된다. 두각을 나타내는 것이 '관성' 이다. 시스템화하여 공장이 만들어지고, 고용창출을 한다.

식상에게 프랜차이저 가맹점 제안이 들어온다. '식상'은 공장 또는 레스토랑을 직접 운영하는 대신 노하우를 전수해 주고 가맹점으로부터 로열티를 받는다. '관성' 보다 규모가 방대하다. 이것이 '인성'이다.

팁 하나, 이렇듯 '인성'은 가만히 앉아서 점잖게 돈을 버는 것이다. 주식, 펀드 이런 것도 마찬가지이다. 사주에 '인성'이 많으면 게으르다고 하는 연유이다. 반면 '식상'은 부지런하고 활동적인 젊은이를 연상하게 한다.
그러므로 일간인 나, '아신'에게는 자식 '식상'이 있어야 대를 이어 활동하므로 복록이 장구해진다.

③ 육친(六親)과 인간 관계

1 식상 __ 여명에는 자식, 모친 / 남명에는 부인, 모친
2 재성 __ 여명에는 남편, 부친, 자식 / 남명에는 부인, 부친, 자식
3 관성 __ 여명에는 남편 / 남명에는 자식
4 인성 __ 스승, 모친, 윗사람
5 비겁 __ 형제, 친구, 모친

통변 시에 가장 많이 활용되는 인간 관계들이다.

남명의 사주에 재성이 없으면 식상으로 부인을 본다. 모친은 인성보다는 식상, 비겁으로 보면 더욱 잘 맞는다. 왜냐하면 모친은 장구

하게 나를 돌보거나 보호해주지 않기 때문이다. 나중에 노모는 내가 돌보아야 하는 대상이 된다는 점에 착안한 듯하다.

④ 십신(十神) 관련 용어 및 사자성어

- **비겁쟁재** __ 비겁이 많아 재물을 쟁취하려 다툰다.
- **군겁쟁재** __ 겁재 무리가 재물을 쟁취하려 다툰다.
- **겁재합살** __ 겁재가 칠살 또는 편관과 합한다. 양인합살.
- **식신생재** __ 식신이 재성을 생한다.
- **상관생재** __ 상관이 재성을 생한다.
- **식상생재** __ 식상이 재성을 생한다. 식생재와 동일하다.
- **식상제살** __ 식상이 편관 또는 칠살을 제한다.
- **상관합살** __ 상관이 칠살과 합한다.
- **상관견관** __ 상관이 관성을 본다.
- **상관패인** __ 상관에 인성이 있다. 근거를 가지고 표현한다.
- **재생관** __ 정재가 관성을 생조한다. 집단 중심, 조직 체계 관리자형이다.
- **재생살** __ 편재가 편관을 생조한다.
- **재생관살** __ 재성이 관성을 생조한다.
- **재극인** __ 재성이 인성을 극한다.
- **관인상생** __ 관성과 인성이 생조한다. 관인소통이다. 살인상생.

- **인비식, 인겁식** __ 인성, 비겁, 식상이다. 개인 중심, 전문가형이다.
- **양인합살** __ 양인이 편관(칠살)과 합이 된다. 겁재합살.
- **관살혼잡** __ 정관과 편관이 혼잡되어 있다.
- **금수견관** __ 금일간 식상이 관성을 본다.
- **효신살** __ 올빼미가 어미새를 쪼아 먹는다. 일지가 인성이다. 갑자, 을해, 병인, 정묘, 무오, 기사, 경진, 경술, 신미, 신축, 임신, 계유 일주이다. 구습타파형이다. 부처님은 '제하분주(濟河焚舟)'라 강을 건너면 그 배를 버리라 했고, '과하탁교(過河坼橋)'란 강을 건너면 다리를 부수라는 뜻이다. 효신살은 배은망덕이지만 인지상정이다. 확대 해석해보자면 패러 사이트 싱글족, 캥거루족, 빨대족, 자라족 등도 현대적 의미로 효신살에 해당한다.

제4장
천간과 지지의 배합

좋은운을불러들이는 사주명리학

제1절 **천간과 지지**
　①10천간
　②12지지

제2절 **천간과 지지의 배합**
　①정배
　②착배
　③60간지 표

◆ **사주 명리학**의 세계관에서는 오성이 삼라만상을 이루는 기본 요소라고 한다. 이 오성은 '목(木), 화(火), 토(土), 금(金), 수(水)' 다섯 개를 의미한다. 이는 음양의 추동력에 의해 오행이 된다.

오행은 목(木) → 화(火) → 토(土) → 금(金) → 수(水) 또는 목(木) → 토(土) → 수(水) → 화(火) → 금(金)으로 생극하며 변화한다. 초목으로 비유한다면 싹이 나고, 성장하여, 익어가고, 열매를 맺고, 종자를 얻는다. 이는 시작기 – 성장기 – 성숙기 – 수확기 – 저장기 또는 4단계로 생(生) – 장(長) – (?) – 수(收) – 장(藏)으로 표현한다.

제1절 천간과 지지

1 10천간(天干)

천간은 수천 년 전 황제 헌원이 하늘에서 부여받은 비밀 부호이다. 오성이 음양에 의해 오행이 되는 과정을 세분화한 것이 천간이며, 10개라서 10천간이라고 칭한다.

갑(甲)·을(乙)·병(丙)·정(丁)·무(戊)·기(己)·경(庚)·신(辛)·임(壬)·계(癸)이며, 같은 오행이라도 음과 양으로 나뉘어진 것으로 보아 성질이 다르다는 것을 짐작할 수 있다.

목(木)에 해당하는 것이 갑(甲)과 을(乙)이며, 각각 갑목(甲木)과 을목(乙木)이라고 한다. 전자는 양이고 후자는 음이다.

_화(火)에 해당하는 것이 병(丙)과 정(丁)이며, 각각 병화(丙火)와 정화(丁火)라고 한다. 전자는 양이고 후자는 음이다.

_토(土)에 해당하는 것이 무(戊)와 기(己)이며, 각각 무토(戊土)와 기토(己土)라고 한다. 전자는 양이고 후자는 음이다.

_금(金)에 해당하는 것이 경(庚)과 신(辛)이며, 각각 경금(庚金)과 신금(辛金)이라고 한다. 전자는 양이고 후자는 음이다.

_수(水)에 해당하는 것이 임(壬)과 계(癸)이며, 각각 임수(壬水)와 계수(癸水)라고 한다. 전자는 양이고 후자는 음이다.

② 12지지(地支)

지지는 하늘의 천간이 땅으로 내려온 것이다. 천간이 땅에서 어떤 역할을 하는지에 따라 12개의 동물로 표상하여 12지지라고 한다.

자(子)·축(丑)·인(寅)·묘(卯)·진(辰)·사(巳)·오(午)·미(未)·신(申)·유(酉)·술(戌)·해(亥)이며, 실제 동물의 한자 명칭을 사용하지 않았다. 이는 비슷하지만 다르다는 것을 의미한다.

_목(木)에 해당하는 것이 인목(寅木)과 묘목(卯木)이다. 전자는 양이고 후자는 음이다.

_화(火)에 해당하는 것이 사화(巳火)와 오화(午火)이다. 전자는

양이고 후자는 음이다.

_토(土)에 해당하는 것은 네 개이며, 술토(戌土), 축토(丑土), 진토(辰土), 미토(未土)이다. 술토(戌土)와 진토(辰土)는 양이고, 축토(丑土)와 미토(未土)는 음이다.

_금(金)에 해당하는 것이 신금(申金)과 유금(酉金)이다. 전자는 양이고 후자는 음이다.

_수(水)에 해당하는 것이 해수(亥水)와 (子水)이다. 전자는 양이고 후자는 음이다.

제2절
천간과 지지의 배합

천간과 지지를 일 대 일로 대응하여 간지(干支)를 만든다.

10개의 천간 **갑, 을, 병, 정, 무, 기, 경, 신, 임, 계**와 12개의 지지 **자, 축, 인, 묘, 진, 사, 오, 미, 신, 유, 술, 해**를 배합하면 60개의 간지가 나온다. 간지(干支)는 천간의 시작인 **갑**(甲), 지지의 시작인 **자**(子)부터 배합하여 **갑자**(甲子)가 그 시작이 된다.

배합의 규칙은 양의 천간과 양의 지지가 원칙이며 이를 제대로 된 배합, 정배(正配)라고 한다. 그런데 양간과 음의 지지의 배합, 음간과 양의 지지가 다르게 배합된 경우를 착배(錯配)라고 한다.

1 정배(正配)

10천간인 **갑, 을, 병, 정, 무, 기, 경, 신, 임, 계**와 12지지인 **자, 축, 인, 묘, 진, 사, 오, 미, 신, 유, 술, 해**를 하나씩 대응하며 배합해 본다.

갑자(정배 아님), 을축, 병인, 정묘, 무진, 기사(정배 아님), 경오(정배 아님), 신미, 임신, 계유…… 그런데 천간은 10개이고 지지가 12개라 술, 해 두 개가 더 남는다. 그러면 다시 갑과 술을 빌려와서 갑술, 을해(정배 아님), 병자(정배 아님), 정축…… 이렇게 만든다. 마지막 60번째가 '계해'이다. 계속하다 보면 61번째가 다시 갑자가 된다. 61살에 갑자가 다시 돌아온다 하여 환갑(還甲)이라고 한다.

2 착배(錯配)

착배는 천간이 양이고, 지지가 음인 경우와 천간이 음이고, 지지가 양인 경우에 해당한다. 지지가 **해**(亥)·**자**(子)·**사**(巳)·**오**(午)일 때 발생한다.

예를 들어 갑자(甲子)와 갑오(甲午)는 되나, 갑해(甲亥)와 갑사(甲巳)는 안 된다. 을자(乙子)와 을오(乙午)는 안 되나, 을해(乙亥)와 을사(乙巳)는 가능하다.

착배가 되도록 만든 이유에 대해 연구하며 깊은 깨달음에 도달하기를 바란다.

③ 60간지 표

60간지 표											
甲갑 子자	乙을 丑축	丙병 寅인	丁정 卯묘	戊무 辰진	己기 巳사	庚경 午오	辛신 未미	壬임 申신	癸계 酉유	甲갑 戌술	乙을 亥해
丙병 子자	丁정 丑축	戊무 寅인	己기 卯묘	庚경 辰진	辛신 巳사	壬임 午오	癸계 未미	甲갑 申신	乙을 酉유	丙병 戌술	丁정 亥해
戊무 子자	己기 丑축	庚경 寅인	辛신 卯묘	壬임 辰진	癸계 巳사	甲갑 午오	乙을 未미	丙병 申신	丁정 酉유	戊무 戌술	己기 亥해
庚경 子자	辛신 丑축	壬임 寅인	癸계 卯묘	甲갑 辰진	乙을 巳사	丙병 午오	丁정 未미	戊무 申신	己기 酉유	庚경 戌술	辛신 亥해
壬임 子자	癸계 丑축	甲갑 寅인	乙을 卯묘	丙병 辰진	丁정 巳사	戊무 午오	己기 未미	庚경 申신	辛신 酉유	壬임 戌술	癸계 亥해

제5장
천간오합(天干五合)
지지육합(地支六合)

제1절 천간 오합
　　① 갑기합
　　② 을경합
　　③ 병신합
　　④ 정임합
　　⑤ 무계합

제2절 지지 육합
　　① 자축합
　　② 인해합
　　③ 묘술합
　　④ 진유합
　　⑤ 사신합
　　⑥ 오미합

제3절 합이란?
　　① 합은 좋은가?
　　② 합이 되면 다른 오행으로 변하는 것인가?

합(合)은 천간(天干)끼리의 합, 지지(地支)끼리의 합이 되는 것을 말한다. 천간은 10개이니 다섯 개가 되고, 지지는 12개이니 여섯 개가 된다. 그래서 전자를 오합(五合), 후자를 육합(六合)이라고 한다.

가장 많이 하는 질문은 '합(合)이 되면 다른 오행(五行)으로 변하는 것일까?'와 '합(合)이 되면 좋은가'라는 것이다.

천간의 합 중에서 갑(甲)과 기(己)의 합이 있다. 갑기합(甲己合)은 토(土)라고 한다. 일간이 갑이라면 갑이 갑자기 토로 바뀌는 것인가? 또 갑 일간에 기는 정재(正財)이다. 정재는 남자에게는 부인이 된다. 부인과 사이가 좋은가? 여자라면 돈 복이 있는가? 궁금증이 생긴다.

확실한 것은 합이 된다는 것은 관련성이 있다는 것이다. 반대로 합이 없으면 관련성이 없다는 것이다. 후자의 경우는 주변에 있다가 대운이나 세운이 오면 비로소 어떤 역할을 하고 결과가 있게 된다. 그것을 주공(做功)이라고 한다. '일을 하여 결과가 생긴다'는 뜻이다.

제1절
천간오합(天干五合)

합(合)하는 천간(天干)의 관계가 서로 생극(生剋)한다. 음양(陰陽)의 합이므로 정재(正財)나 정관(正官)이 된다.

1 갑기합(甲己合)

갑기합(甲己合)은 토(土)이다.

땅 위에 나무가 자라는 모습이다. 왕이 신하에게 손을 내미는 상(象)이다. 왕이 민가에 암행 순시를 나갔다가 주막집에서 백성들을 만나 국밥 한 그릇을 먹는 장면이 떠오른다. **중정지합(中正之合).**

2 을경합(乙庚合)

을경합(乙庚合)은 금(金)이다.

새장 속에 새가 들어 있는 모습이다. 乙은 실의 모양이고 庚은 쇠 또는 금이다. 엽전 또는 은행의 상(象)이다. 경(庚)에게 을(乙)은 재물이다. 합(合)해서 금(金) 오행이 된다. 재물이 생기면 자기 자신을 향유하며 살고자 할 것이다. **인의지합(仁義之合)**.

3 병신합(丙申合)

병신합(丙辛合)은 수(水)이다.

보석이 햇빛에 반짝이는 모습이다. 자존감이 대단한 상(象)이다. 병(丙)에게 수(水) 오행은 관성이다. 명예가 소중하다. **위제지합(威制之合)**.

4 정임합(丁壬合)

정임합(丁壬合)은 목(木)이다.

물 위에 등대가 비추는 모습이다. 밤길을 별이 비추는 상(象)이다. 정(丁)에게 목(木) 오행은 인성이다. 돈도 지위도 아니고 문서 또는 계약을 통해 도장을 찍으려는 욕망이 있을 것이다. **음란지합(淫亂之合)**.

5 무계합(戊癸合)

무계합(戊癸合)은 화(火)이다.

산 위에 무지개가 걸려 있는 모습이다. 산에 비가 촉촉이 내려 강을 이루는 상(象)이다. 계(癸)에게 화(火)는 재성이므로 재물을 원하거나 결과물을 원하는 성격일 것이다. **무정지합(無情之合)**.

제2절
지지육합(地支六合)

합(合)하는 지지(地支)의 관계가 서로 생극(生剋)한다.

1 자축합(子丑合)

자축합(子丑合)은 토(土)이다.

찬 기운끼리의 합이다. 움직이는 것보다 정적인 특성이 있다. 긴 겨울을 인내하며 기다린다. 토(土)는 신(信)에 해당한다.

2 인해합(寅亥合)

인해합(寅亥合)은 목(木)이다.

인(寅) 속에는 갑(甲)이 들어 있다. 해(亥) 속에도 갑(甲)이 들어 있다. 갑은 오행 중에서 목(木)이 된다. 인애로움 속에 성장한다. 목(木)은 인(仁)에 해당한다.

③ 묘술합(卯戌合)

묘술합(卯戌合)은 화(火)이다.

묘(卯)는 끈이고, 술(戌)이 개라면 개를 끌고 가는 상이다. 통제하며 위로 열정적으로 상승하는 기운이다. 화(火)는 예(禮)에 해당한다.

④ 진유합(辰酉合)

진유합(辰酉合)은 금(金)이다.

진(辰)은 큰 댐이다. 튼튼할수록 좋다. 유(酉)라는 철근 콘크리트를 만나 금(金)과 같이 강성해진다. 땅을 파면 보석이 나오므로 기대를 저버리지 않는다. 금(金)은 의(義)에 해당한다.

⑤ 사신합(巳申合)

사신합(巳申合)은 수(水)이다.

사(巳)는 큰 세력에 경도 되는 특징이 있으며, 신(申)은 임수(壬水)의 기운이 강하며, 수국(水局)의 생지(生支)이다. 두 동물은 '머리가 좋다'의 상징이다. 수(水)는 지(智)이다.

⑥ 오미합(午未合)

오미합(午未合)은 화(火)이다.

서로 따뜻한 기운으로 화(火)가 된다. 화토동궁(火土同宮) 이론에 의하면 화(火)와 토(土)는 같은 기운으로 본다. 유유상종이다.

제3절 합(合)이란?

1 합(合)은 좋은가?

남녀가 결혼하여 오래오래 행복하게 살거나, 좋은 사람을 만나 맺는 인연은 더할 나위 없이 좋다. 그러나 한편으로는 그것에 얽매일 수 있다. 진취적이며 독립적인 삶을 살기가 어려워진다. 농경사회나 대가족 시대에는 큰 미덕이었던 것이 1인 가구가 늘어나는 현재에는 이전 시대의 세계관을 재해석할 필요가 있다.

2 합(合)이 되면 다른 오행으로 변하는 것인가?

다른 말로 하면 그 오행을 지향(志向)하게 된다. 지지(地支)라면 그 속의 지장간의 작용을 본다. 그래도 안 되면 상(象)으로 보면 된다.

하늘의 부호이니 정답이 있을 수 없다고 생각한다. 많은 상담 및 통변을 하며 다양하게 해석하다 보면 자신만의 이론을 장착할 수 있게 된다.

제6장

천간충(天干沖)과 지지충(地支沖)

좋은 운을 부르는 사주명리학

제1절 **천간충**
    1 천간충의 공식
    2 천간충이 불필요한 이유
제2절 **지지충**
    1 지지충의 공식
    2 지지충이 필요한 이유

천간(天干)과 지지(地支)에 합(合)이 있듯이 천간충(沖)도 있다. 지지합(合)은 옆으로 나란히 있는 것들이고, 천간 및 지지충(沖)은 정반대에서 마주 보는 천간과 지지를 일컫는다.

여기에서 다음과 같은 질문이 들어 온다.

"합(合)은 좋고, 충(沖)은 나쁜가요?"

이런 질문은 '충'이라는 글자에 대한 오해에서 비롯된 듯하다.
'충(沖)'은 맞부딪혀 충돌한다는 '충(衝)'과 한자가 다르다.
'충화지기(沖和之氣)'라는 말이 있다. '하늘과 땅 사이의 조화를 이루는 기운'이라고 한다. 여기에서 충(沖)은 하늘과 땅의 충을 의미한다고 본다. 하늘과 땅은 서로 공격하는 나쁜 사이가 아니다. 그렇다면 충(沖)은 한쪽이 존재해야 다른 것이 존재하는 낮과 밤과 같은 것이다. 충(沖)은 옷을 벗고 개울물에 뛰어 들어가 헤엄치며 어울리는 어린아이들을 연상하게 하는 한자의 모양이기도 하다.

합(合)은 결합이며 충(沖)은 교환이다. 좋고 나쁜 것이 없다. 평화롭게 사는 삶을 좋아하는 사람도 있고, 역동적인 삶을 좋아하는 사람도 있다.

어떤 부부가 있다. 취미 생활도 여행도 같이 하고, 심지어 직업까지도 같은 약사이다. 24시간 평생 같이 붙어사는 부부, 극단적으로 이런 것이 합(合)이다.

충(沖)은 다른 직업을 갖고, 취미도 다른 부부이다. 그들의 말을 들어보면 '집에서 매일 보는데 뭐 밖에서까지 같이 붙어 있느냐'라고 한다. 밖에서 다른 사람들을 만나고, 다른 직업에 종사하면 그만큼 다양한 이야기 거리가 생긴다.

비혼은 아무 관련이 없으니 거론할 여지가 없다. 합충은 어쨌든 관련이 있다는 것을 의미한다. 그렇다면 '동거'라는 형태 역시 관련성이 있음에 해당한다.

제1절 천간충(天干沖)

1 천간충(天干沖)의 공식

- 갑경충(甲庚沖) ☞ 갑(甲)이 경(庚)에 극 당한다.
- 을신충(乙辛沖) ☞ 을(乙)이 신(辛)에 극 당한다.
- 병임충(丙壬沖) ☞ 병(丙)이 임(壬)에 극 당한다.
- 정계충(丁癸沖) ☞ 정(丁)이 계(癸)에 극 당한다.
- 무기충(戊己沖) ☞ 무(戊)와 기(己)는 극의 관계가 아니다.

천간충(天干沖)은 다섯 개가 되어야 한다. 그런데 갑경충(甲庚沖), 을신충(乙辛沖), 병임충(丙壬沖), 정계충(丁癸沖)은 있어도 남은 글자끼리 무기충(戊己沖)은 안 된다. 같은 오행끼리 남기 때문이다. 무기(戊己)는 토(土)이고 중앙에 있기 때문이라고 한다. 사주 명리학에서는 중앙에 천간의 위치를 설정하지 않는다.

그렇다면 갑경(甲庚)이 충이 아니라면 무슨 관계인가?
단순히 상극(相剋)하는 관계이다. 갑(甲)이 경(庚)에게 극 당하니 관성(官星)이요, 경(庚)이 갑(甲)을 극하니 재성(財星)이 된다. 을신, 병임, 정계 모두 마찬가지이다. 무기는 비겁(比劫)에 해당할 뿐이다. 그렇다면 천간은 생극(生剋)을 통하여 십신(十神)과 오합(五合)을 논할 수 있는 생극제화(生剋制化)로 압축된다.

② 천간충(天干沖)이 불필요한 이유

역학인들 중에 천간충을 인정하는 경우와 천간충을 인정하지 않는 두 부류가 있다. 필자는 후자의 편이다. 그 이유를 충(沖)의 작용 또는 의의에서 찾는다. 충(沖)은 호환, 왕래, 교환의 의미가 있다.

천간 속에는 함유하고 있는 것이 아무것도 없다. 그 자체로 서로 생(生)하거나 극(剋)하거나 합(合)하면 된다. 천간의 작용은 상생(相生), 상극(相剋), 상합(相合)이 전부이다.

제2절
지지충(地支沖)

1 지지육충(地支六沖)의 공식

- 자오충(子午沖) ☞ 수(水) 기운과 화(火) 기운의 어울림이다. 주역에서는 수화기제(水火旣濟)라고 하여 좋게 본다.
- 축미충(丑未沖) ☞ 금(金)의 묘고(墓庫)와 목(木)의 묘고가 충(沖)한다. 닫힌 묘지에서 열린 창고로 변한다.
- 인신충(寅申沖) ☞ 물질과 물질의 교환이 일어나므로 무역의 상(象)이라고 한다.
- 묘유충(卯酉沖) ☞ 묘목이 자라 열매를 맺으므로 은행의 상(象)이라고 한다.

__진술충(辰戌沖) 　 수(水) 기운의 묘고와 화(火) 기운의 묘고가 충(沖)하므로 천지가 진동하는 상이다.

__사해충(巳亥沖) 　 수(水) 기운과 화(火) 기운, 물질과 정신이 어울리는 창조의 상이다.

② 지지충(地支沖)이 필요한 이유

지지는 그 안에 천간, 즉 지장간(地藏干)들을 함유하고 있다. 이들이 나오는 것을 투간(透干) 또는 투출(透出)이라고 한다. 투간하는 방법은 여러 가지가 있지만 상충(相沖) 이 가장 확실하다.

인(寅)의 반대편에는 신(申)이 있으며 서로 인신충(寅申沖) 한다. 그러면 안에 있는 천간들이 나온다. 인(寅)의 지장간에는 갑목(甲木), 병화(丙火), 무토(戊土)가 있다. 신(申)에는 경금(庚金), 임수(壬水), 무토(戊土)가 있다. 숨겨졌던 잠재 능량이 쏟아져 나오는 것이다.

'합(合), 충(沖), 형(刑), 회(會), 해(害) 또는 천(穿)'은 지지(地支)의 가장 기본적이고 중요한 주공 방식이다. 통변 시에도 이런 작용이 일어날 때 각각 어떤 사건과 사고가 발생하는지 서슴없이 말할 수 있어야 한다.

제7장
지지의 지장간(支藏干)과 장방시(場方時)

좋아 안 좋아 모음 사주명학

제1절 **지장간**
　　1 12지지의 지장간
　　2 정기, 중기, 여기
　　3 생지, 왕지, 고지

제2절 **장방시**
　　1 24시간
　　2 12개월
　　3 4계절
　　4 4방향
　　5 장소

제1절
지장간(支藏干)

"지지(地支)의 경우에도 상생(相生)과 상극(相剋)을 할 수 있을까?"

지지(地支)끼리 직접적으로는 안 된다. 생극(生剋)은 무조건 천간(天干)끼리 하는 것이다. 지지는 순수하지 않으므로, 지장간 (支藏干)을 투출시켜 사용해야 한다. 보통 정기(正氣)가 대표 지장간이다.

인목(寅木)과 해수(亥水)가 있을 때 해수가 인목을 생(生)하는가?

'그렇다' 라고 말하려면 인목의 대표 지장간은 갑목(甲木)이고, 해수의 대표 지장간은 임수(壬水)라는 것을 알고 있어야 한다. 이 대표 지장간 또는 천간들끼리 생(生)한다고 해야 제대로 된 답변이다.

1 12지지의 지장간

12지지의 지장간은 반드시 알아두어야 한다. 특히 묘고(墓庫)는 단순히 토(土) 오행으로 통변하는 일이 없어야 한다.

- 자(子)의 지장간 ☞ 계(癸)
- 축(丑)의 지장간 ☞ 기(己), 신(辛), 계(癸)
- 인(寅)의 지장간 ☞ 갑(甲), 병(丙), 무(戊)
- 묘(卯)의 지장간 ☞ 을(乙)
- 진(辰)의 지장간 ☞ 무(戊), 계(癸), 을(乙)
- 사(巳)의 지장간 ☞ 병(丙), 경(庚), 무(戊)
- 오(午)의 지장간 ☞ 정(丁), 기(己)
- 미(未)의 지장간 ☞ 기(己), 을(乙), 정(丁)
- 신(申)의 지장간 ☞ 경(庚), 임(壬), 무(戊)
- 유(酉)의 지장간 ☞ 신(辛)
- 술(戌)의 지장간 ☞ 무(戊), 정(丁), 신(辛)
- 해(亥)의 지장간 ☞ 임(壬), 갑(甲)

2 정기(正氣), 중기(中氣), 여기(餘氣)

순서대로 맨 앞의 지장간은 정기(正氣), 중간은 중기(中氣), 마지막 것은 여기(餘氣)라고 한다.

정기는 지지를 대표하는 천간이며, 중기는 삼합(三合)의 오행이다.

맨 마지막의 여기는 자신이 속한 방합(方合)의 오행이 된다.

③ 생지(生支), 왕지(旺支), 고지(庫支)

4대 생지(生支)인 '인(寅)·신(申)·사(巳)·해(亥)'의 지장간은 모두 양(陽)의 천간이다. 해(亥)에는 유일하게 무토(戊土) 지장간이 없다. 바다에 땅이 있을 수 없다는 주장에 설득력이 있다.

4대 왕지(旺支)인 '자(子)·오(午)·묘(卯)·유(酉)'는 전일(專一)하므로 지장간의 천간도 하나이다. 단 '화토동궁'으로 오(午)의 지장간은 정(丁)과 기(己)가 된다.

4대 고지(庫支)인 '진(辰)·술(戌)·축(丑)·미(未)'의 중기와 여기는 정기를 제외하고 모두 음(陰)의 천간이다.

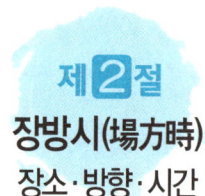

제2절 장방시(場方時)
장소·방향·시간

10천간은 12지지와 일대 일 대응이 아니다. 천간 토(土)는 무기(戊己)로 두 개, 지지 토(土)는 진(辰)·술(戌)·축(丑)·미(未) 네 개로 개수의 차이가 있다.

추상적이며 정신적인 것이 땅으로 내려오면서 물질화되거나 구체화된다. 하늘의 천간은 음양오행을 의미하지만, 12지지는 땅에서 장소·방향·시간·개월·계절 등을 의미하며 복잡하고 다양해진다.

1 24시간

자시(밤 11~1시)   **축시**(새벽 1~3시)   **인시**(새벽 3~5시)
묘시(아침 5~7시) **진시**(오전 7~9시)   **사시**(오전 9~11시)
오시(낮 11~1시)   **미시**(오후 1~3시)   **신시**(오후 3~5시)
유시(오후 5~7시) **술시**(저녁 7~9시)   **해시**(밤 9~11시)

2 12개월

자월(11월)   **축월**(12월)   **인월**(1월)   **묘월**(2월)
진월(3월)   **사월**(4월)   **오월**(5월)   **미월**(6월)   *음력임
신월(7월)   **유월**(8월)   **술월**(9월)   **해월**(10월)

3 4계절 : 방합(方合)의 근거가 된다

춘(春), **봄** ☞ 인, 묘, 진
하(夏), **여름** ☞ 사, 오, 미
추(秋), **가을** ☞ 신, 유, 술
동(冬), **겨울** ☞ 해, 자, 축

④ **4방향** : 방합(方合)의 근거가 된다

동(東) ☞ 묘(卯), **서**(西) ☞ 유(酉), **남**(南) ☞ 오(午), **북**(北) ☞ 자(子)

자방(子方)인 북쪽이 중심이 되어 남쪽을 바라본다. 좌측이 묘방(卯方), 우측이 유방(酉方), 남쪽이 오방(午方)이 된다.

⑤ **장소**

연월일시(年月日時)의 지지는 각각 국가 또는 외국, 고향 또는 직장, 집, 바깥이 된다. 또한 12지지가 상징하는 장소나 사물이 있다. 예를 들면 인자론(因子論)이나 물상론(物象論)에 의하면 술(戌)은 도서관, 진(辰)은 시장, 사(巳)는 큰 도로 등이다.

제8장
삼합(三合), 형(刑), 해(害) 또는 천(穿)

제1절 삼합
1 삼합
2 조열과 한습
3 육합과 삼합

제2절 형
1 삼형
2 자형

제3절 해 또는 천
1 합과 해 또는 천 비교
2 천의 종류

제1절
삼합(三合)

1 삼합(三合)

"네 살 차이면 궁합도 안 본다."라는 옛말이 있다.

돼지띠와 토끼띠는 네 살 차이다. 토끼띠와 양띠는 또 네 살 차이다. 이렇게 네 칸씩 차이가 나는 지지(地支)를 삼합(三合)이라고 한다. 삼합은 각각 다른 오행의 국(局)을 취한다.

_해묘미(亥卯未)는 목국(木局)이다. 해(亥)는 생지(生支)이고, 묘(卯)는 왕지(旺支)이며, 미(未)는 고지이다. 지장간에 갑목(甲木) 또는 을목(乙木) 등이 공통으로 들어 있다.

__인오술__(寅午戌)은 화국(火局)이다. 인(寅)은 생지(生支)이고, 오(午)는 왕지(旺支)이며, 술(戌)은 고지(庫支)이다. 지장간에 병화(丙火) 또는 정화(丁火) 등이 공통으로 들어 있다.

__사유축__(巳酉丑)은 금국(金局)이다. 사(巳)는 생지(生支)이고, 유(酉)는 왕지(旺支)이며, 축(丑)은 고지(庫支)이다. 지장간에 경금(庚金) 또는 신금(辛金) 등이 공통으로 들어 있다.

__신자진__(申子辰)은 수국(水局)이다. 신(申)은 생지(生支)이고, 자(子)는 왕지(旺支)이며, 진(辰)은 고지(庫支)이다. 지장간에 임수(壬水) 또는 계수(癸水) 등이 공통으로 들어 있다.

② 조열(燥熱)과 한습(寒濕)

__인오술__(寅午戌) 세 지지에는 모두 조열(燥熱)한 기운이 있다.
__신자진__(申子辰)은 모두 한습(寒濕)한 기운이 있다.
__사유축__(巳酉丑)은 사(巳) 혼자 조열하고, 나머지는 한습하다.
__해묘미__(亥卯未)는 해(亥) 혼자 한습하고, 나머지는 조열하다.

삼합에서는 혼자 다른 기운일 때에는 나머지 강한 기운으로 경도되는 특징이 있다.

③ 육합(六合)과 삼합(三合) 비교

육합(六合)이 삼합(三合)보다 더 강력하다. 삼합은 두 개라도 4대 왕지 '자·오·묘·유'를 포함하고 있으면, 삼합(三合)으로 작용하며 규모를 본다.

> ● 방합(方合)은 방위(方位)의 합(合)이다. 주공이 일어나지 않으므로 중요시 여기지 않는다.

제2절 형(刑)

형(刑)이 되면 일을 도모할 때 골치 아픈 일이 생긴다.
송사, 수술, 싸움, 방해 등이 있으며 시시비비를 가려야 한다.
그러나 큰 일을 성취하고자 할 때 흔히 발생하는 성장통이다.

1 삼형(三刑)

- 인사신형(寅巳申刑)
- 축술미형(丑戌未刑)

2 자형(自刑)

- 오오(午午) / 해해(亥亥) / 유유(酉酉) / 진진(辰辰)

제3절
해(害) 또는 천(穿)

1 합(合)과 해(害) 또는 천(穿) 비교

합(合)은 옆 지지와의 연합, 충(沖)은 정면 승부라고 한다면, 해(害) 또는 천(穿)은 게릴라전 또는 뒤에서 급습하는 것이다. 육합(六合)을 깨므로 해롭다고 해(害)라고 한다. 그러나 천(穿)이라고 바꾸어 새롭게 정립한 이론이 적중률이 높다.

천(穿)은 '구멍을 판다, 의복을 착용한다, 굴을 뚫는다, 구슬을 꿴다, 들락날락한다, 통과한다' 등의 의미가 있다. 구멍이나 굴은 정식 문(門)이 아닌 곳을 뚫는 것이다. 그것은 지름길이다. 하나로 연결하는 통찰력이다. 순식간에 일사천리로 일이 진행된다. 또한 탈부착이 쉽고, 켰다 껐다가 쉬운 스위치이다. 쉽게 신고 벗을 수 있다. 기상천외한 해결 방법을 동원하는 등 자기만의 방식과 고집이 있다.

② 천(穿)의 종류

__자미해(子未害) 또는 자미천(子未穿)

나무에 구멍이 뚫렸다. 마차 바퀴의 축이다. 머리가 잘 돌아 간다. 쥐가 부지런히 가마니를 뚫어 양식을 나르는 물류의 상이다. 수평적 관통, 사통팔달, 주판, 터널, KTX, 항공, 선박, 쿠팡 등이 연상된다. 끈질긴 생명력, 연전연승, 이해득실과 치고 빠지는 것에 빠르며, 디펜딩 챔피언감이다.

__축오해(丑午害) 또는 축오천(丑午穿)

일만 하다가 뿔난 소가 말을 들이 받는다. 계획이 생각이 구체화된다. 차가운 총포에서 순식간에 탄약이 발사되고, 작살이나 창으로 타깃을 내리꽂는 살벌한 결정타가 있다. 수직적 천착, 통찰력, 철저한 준비, 신속한 결정력과 실행력으로 필승불패의 해결 능력 및 유능성의 기질이 탁월하여 CEO의 상이다.

__인사해(寅巳害) 또는 인사천(寅巳穿)

조열한 지지들이다. 화약고가 터지듯 이유불문 성난 장정들의 투쟁이다. 화산의 지표면을 뚫고 용암이 분출한다. 억압과 어둠에서 해방되어 잠재력을 분출한다. 르네상스로 다양한 문예 부흥이다. 춘추전국시대 제자백가이다. 전국시대 다이묘들의 군웅할거이다. 난세에 영웅호걸이 탄생하는 법이다.

__묘진해(卯辰害) 또는 묘진천(卯辰穿)

제방에 나무 뿌리가 파고 든다. 떼를 입히니 튼튼해진다. 게다가 댐에 수문을 뚫었으니 웅장한 스케일에 노블레스 오블리주의 면모가 엿보이며 장구함의 기틀이 된다. 홍수와 가뭄에서 관개 용수로, 성벽의 위용이 성문의 관용으로 상황과 조건에 따라 시의적절하게 전환할 수 있는 빠른 개폐의 스위치가 있다.

__신해해(申亥害) 또는 신해천(申亥穿)

한습한 시시들이나. 우물을 파서 두레박으로 물을 퍼올린다. 깊은 바다에서 석유를 시추한다. 물 속에 말뚝을 박아 만든 베니스나 소주에서처럼 물 위에 집을 올리는 상이다. 얼음 위 에스키모 이글루이기도 하다. 열악한 환경을 이겨내며, 위태롭지만 수직상승의 험악한 지름길에 사다리에 올라탈 줄 아는, 냉철하며 용기 있는 자수성가형이다. '개천의 용'의 상(象)이다.

__유술해(酉戌害) 또는 유술천(酉戌穿)

첫째로, 용광로에 금속을 담금질한다. 넣었다 뺐다 하며 조련하고 훈련하는 반복의 상이다. 두 번째로, '유'를 광석으로 치면, 다이너마이트로 '술'이라는 광산을 폭파하여 채광하는 이미지이다. 경제학자 조셉 슘페터의 '창조적 파괴'와도 일맥상통한다. 세 번째로 '유'는 구(球) 또는 날카로운 금속, 소리의 상이다. 성벽에서 화살을 쏘는 것이니 상명하달, 장군, 통솔자의 상이다.

제9장

4대 고장지(庫藏支)
_진(辰)·술(戌)·축(丑)·미(未)

제1절 천원지방과 고장지
　　1 천간과 지지의 오행 및 장방시
　　2 명칭과 지장간
제2절 고장지의 명칭과 배치 연유
　　1 고장지의 명칭
　　2 고장지의 위치
　　3 고장지 배치 이유에 대한 고찰

제1절
천원지방(天圓地方)과 고장지

'천원지방(天圓地方)'이라는 말이 있다. '하늘은 둥글고, 땅은 네모나다'라는 뜻이다. 하늘은 둥그니까 쉽게 움직이며 돌아간다는 것이다. 음양오행(陰陽五行)이 상생상극(相生相剋)하며 순환한다는 근거가 된다.

그러나 땅은 네모나니까 굴러갈 수 없다. 움직일 수 없으니까 고정되어 있다. 이것은 지구의 자전과 공전을 말하는 것이 아닌 사주 명리학의 세계관 또는 우주관임을 이해해야 한다.

땅이 움직이지 않는 대신 시간이 흘러가고, 계절이 오고 간다. 음양오행이 땅에 반영된 것이니, 하늘의 천간이 땅에서는 지지로 존재한다.

1 천간과 지지의 오행 및 장방시(場方時)

__목오행(木五行)은 천간에서는 갑(甲)과 을(乙), 지지에서는 인(寅)과 묘(卯)가 된다. 동 방향, 봄, 오전 등이 된다.

__화오행(火五行)은 천간에서는 병(丙)과 정(丁), 지지에서는 사(巳)와 오(午)가 된다. 남 방향, 여름, 낮 등이 된다.

__토오행(土五行)은 천간에서는 무(戊)와 기(己), 지지에서는 진(辰), 술(戌), 축(丑), 미(未)가 된다. 간절기가 된다. 중앙 방향이 아니다. 진은 동남향, 술은 서북향, 축은 북동향, 미는 남서향이다.

__금오행(金五行)은 천간에서는 경(庚)과 신(辛), 지지에서는 신(申)과 유(酉)가 된다. 서 방향, 가을, 오후 등이 된다.

__수오행(水五行)은 천간에서는 임(壬)과 계(癸), 지지에서는 해(亥)와 자(子)가 된다. 북 방향, 겨울, 밤 등이 된다.

2 명칭과 지장간

진(辰)·**술**(戌)·**축**(丑)·**미**(未)는 고장지(庫藏支), 묘지(墓支), 고지(庫支), 묘고(墓庫) 등으로 명명한다.

토(土) 오행의 천간은 무(戊)·기(己)로 두 개인데, **지지**는 진(辰)·술(戌)·축(丑)·미(未) 네 개이다. 무토(戊土)는 진(辰)과 술(戌)이며, 기토(己土)는 축(丑)과 미(未)이다.

지장간에서 4개의 고장지(庫藏支) 안에 어떤 천간이 있는지 확인한다.

　　__ 술(戌)의 지장간　☞　무(戊), 정(丁), 신(辛)
　　__ 진(辰)의 지장간　☞　무(戊), 계(癸), 을(乙)
　　__ 축(丑)의 지장간　☞　기(己), 신(辛), 계(癸)
　　__ 미(未)의 지장간　☞　기(己), 을(乙), 정(丁)

제2절 고장지의 명칭과 배치 연유

1 고장지의 명칭

정기(正氣)는 무(戊)이거나 기(己)이며, 양과 음의 기준이 된다.

중기(中氣)는 정(丁), 계(癸), 신(辛), 을(乙)이다.

여기(餘氣)는 남아 있는 가장 약한 기운이므로 논외로 한다.

중기(中氣)의 오행(五行)이 고장지의 명칭을 정하는 기준이 된다.

- 술(戌)은 정화(丁火)가 중기이므로 화(火)의 고장지(庫藏支), 화고(火庫)라고 한다.
- 진(辰)은 계수(癸水)가 중기이므로 수(水)의 고장지(庫藏支), 수고(水庫)라고 한다.

__축(丑)은 신금(辛金)이 중기이므로 금(金)의 고장지(庫藏支), 금고(金庫)라고 한다.

__미(未)는 을목(乙木)이 중기이므로 목(木)의 고장지(庫藏支), 목고(木庫)라고 한다.

② **고장지의 위치**

이번에는 4개 고장지의 위치를 살펴보자.

12지지(地支) 인(寅)-묘(卯)-진(辰)-사(巳)-오(午)-미(未)-신(申)-유(酉)-술(戌)-해(亥)-자(子)-축(丑)에서,

__목오행(木五行)과 화오행(火五行)의 중간에 진(辰)이 있다.
__화오행(火五行)과 금오행(金五行)의 중간에 미(未)가 있다.
__금오행(金五行)과 수오행(水五行)의 중간에 술(戌)이 있다.
__수오행(水五行)과 목오행(木五行)의 중간에 축(丑)이 있다.

② **고장지 배치 이유에 대한 고찰**

__진(辰)은 수(水)의 고장지로, 수(水)는 목(木)을 생(生)한다.

수(水)의 영향력이 목(木)까지 온다는 뜻이다. 목(木)이 끝나는 지지에서 비로소 수(水)는 묘고(墓庫)로 들어간다. 그러므로 수(水)와 상극인 화(火)의 직전에 배치된다.

축(丑)은 금(金)의 고장지로, 금(金)은 수(水)를 생(生)한다.

금(金)의 영향력이 수(水)까지 온다는 뜻이다. 수(水)가 끝나는 지지에서 비로소 금(金)은 묘고(墓庫)로 들어간다. 그러므로 금(金)과 상극인 목(木)의 직전에 배치된다.

미(未)는 목(木)의 고장지로, 목(木)은 화(火)를 생(生)한다.

목(木)의 영향력이 화(火)까지 온다는 뜻이다. 화(火)가 끝나는 지지에서 비로소 목(木)은 묘고(墓庫)로 들어간다. 그러므로 화(火)와 상극인 금(金)의 직전에 배치된다.

술(戌)은 화(火)의 고장지로, 화(火)는 토(土)를 생(生)한다.

그런데 생할 수 있는 토오행(土五行)의 지지 진(辰)·술(戌)·축(丑)·미(未)가 사방에 분산되어 있다. '화토동궁(火土同宮)'설에 의하면 화(火)와 토(土)는 같다고 본다. 그러면 술(戌)은 토(土)의 고장지도 된다.

토(土)는 금(金)을 생(生)한다. 토(土)의 영향력이 금(金)까지 온다는 뜻이다. 금(金)이 끝나는 지지에서 비로소 토(土)는 묘고(墓庫)로 들어간다. 그러므로 화(火)와 상극인 수(水)의 직전에 배치된다.

제10장

4대 고장지로
오행고, 십신고 정하기

좋은 운을 끌고 오는 사주학

제1절 4대 고장지와 오행

제2절 4대 고장지와 십신고
   1 일간의 십신 책정법
   2 일간의 십신고 책정 사례

제3절 일간의 십신고의 유무
   1 일간에 없는 십신고
   2 십신고가 없는 대안

제1절
4대 고장지와 오행

　진(辰)·술(戌)·축(丑)·미(未)를 단순히 토오행(土五行)으로 읽는 경우가 많다. 지장간이 들어 있다는 것은 알고 있지만 막상 활용하지 못한다면 지식 따로, 통변 따로 하는 것이다.

　태어날 아기의 출생에 대한 의뢰를 받는 경우가 있다.
　출산 예정일 전후 7일 중 가장 좋은 날을 택일해 준다. 그런데 산모의 수술 날짜가 정해져 있다고 하면 시간만 정해 준다. 그 모든 것이 이미 정해진 경우에는 작명을 통해 부족한 오행을 보완해 준다.

　그런데 의뢰한 젊은 부부로부터 자신들의 아기 사주에 '목(木)'이 없다는 말을 전해 들었다. 사주 관련 앱을 돌려 본 모양이다. 명조를 보니 미토(未土)가 있었다. 미토는 목(木)의 고장지(庫藏地)이다. 쉽게 말해 흙으로 지어진 창고 안에 온갖 나무가 가득 들어 있는 상(象)이다. 그런데 창고 벽의 흙만 보고 토(土)라고 단정 짓는 격이다. 그 안에 무엇이 들어 있는지 그것이 어떤 작용을 하는지를 봐야 한다. 더 중요한 것은 이것이 열린 창고인지, 닫힌 창고인지, 제 역할을 하는지를 연구해야 하는 것이다.

사주 명리학은 보이는 것이 전부가 아니다. 그렇다고 정답이 있는 것도 아니다. 기존의 이론을 적용해보고, 의심되는 점은 연구해보며, 통변을 적극적으로 하며 공부하며 적중률을 높이는 수밖에 없다. 어떤 사주앱인지는 모르겠지만, 수준으로 치면 초급에 해당하는 것 같다. '그저 재미로 봤어요' 하는데 그것도 권하고 싶지 않다. 그렇게 잘못 규정되면 운명이 혼란스러워진다. 운명은 반드시 사주 명리학 전문가에게 간명받기 바란다.

4대 고장지 진(辰)·술(戌)·축(丑)·미(未)를 단순히 토오행(土五行)이라고 하지 않는다. 수고(水庫), 화고(火庫), 금고(金庫), 목고(木庫)라고 부른다. 모두 토로 둘러싸여 있으므로 토고(土庫)는 없다.

제2절
4대 고장지와 십신고

4대 고장지는 각각의 오행을 함유하고 있으므로 십신의 역할도 한다. 십신(十神)은 **식상**(食傷), **재성**(財星), **관성**(官星), **인성**(印星), **비겁**(比劫)으로, 다시 음양으로 세분하여 십신이 되는 것이다. 이는 '나, 즉 아신(我神)'이 되는 일간과 다른 간지들과의 생극 관계로 규정된다.

1 일간의 십신 책정법

▶ 일간이 갑(甲)일 경우

갑(甲)과 만나면 아신과 같으므로 비견

을(乙)을 만나면 아신과 다르므로 **겁재**가 된다.

병(丙)은 아신이 생하므로 **식신**

정(丁)은 다른 음양으로 생하므로 **상관**이 된다.

무(戊)는 아신이 극하므로 **편재**

기(己)는 다른 음양으로 극하므로 **정재**가 된다.

경(庚)은 극 당하므로 **편관**

신(辛)은 다른 음양으로 극 당하므로 **정관**이 된다.

임(壬)은 생 받으므로 **편인**

계(癸)는 다른 음양으로 생 받으므로 **정인**이 된다.

2 일간의 십신고 책정 사례

1 일간을 갑목(甲木)과 을목(乙木)이라고 상정해서 십신고를 책정해 보겠다.

__진토__는 **수고**(水庫)이다.

갑과 을이 생 받으므로, 인성이 되며 **인성고**(印星庫)라고 한다.

학력, 문서, 자격증, 보증서, 연금 등 **안전 자산 관련**이다.

__술토__는 **화고**(火庫)이다.

갑과 을이 생해 주므로, 식상이 되며 **식상고**(食傷庫)라고 한다.

활동력, 기획, 창조, 교육 등 **생산 활동 관련**이다.

__축토__는 **금고**(金庫)이다.

갑과 을이 극 당하므로, 관성이 되며 **관고**(官庫)라고 한다.

직장, 조직, 시스템, 남편 등 **수직적 집단 관련**이다.

__미토는 **목고**(木庫)이다.

갑과 을의 오행과 같으므로, 비겁이다. **비겁고**(比劫庫) 또는 **양인고**(羊刃庫)라고 한다.

친구, 경쟁자, 군인 등 **수평적 집단 관련**이다.

여기에서 **토고**가 없으므로 십신 중에 하나가 남게 된다. 토고가 있다면 갑과 을이 극하므로, 재성이 되어 재고(財庫)가 된다. 그러나 그 자체가 토가 되므로, 갑과 을의 일간에는 재고가 없다고 보는 것이 맞다. 모든 일간에는 십신 중에 하나가 부족하다.

2 일간을 경금(庚金)과 신금(辛金)이라고 상정해서 십신고를 책정해 보겠다.

__진토는 **수고**이다.

경금과 신금이 생 해주므로, 식상이 되며 **식상고**라고 한다.

__술토는 **화고**이다.

경금과 신금이 극 당하므로, 관성이 되며 **관고**라고 한다.

__축토는 **금고**이다.

경금과 신금과 오행이 같으므로, 비겁이다. **비겁고** 또는 **양인고**라고 한다.

__미토는 **목고**이다.

경금과 신금이 극하므로, 재성이다. **재고**라고 한다.

제3절
일간의 십신고의 유무

1 일간에 없는 십신고

앞에서 **경금**과 **신금**의 일간이 생 받으려면 인성이 있어야 한다. 토가 인성인데 토고(土庫)는 없으므로, 결국 **경금·신금**에는 **인성고**가 없다.

이런 식으로 하면 **임수·계수**는 토고(土庫)가 없으므로, **관고가** 없게 된다.

갑·을 일간에는 토고(土庫)가 없으므로, **재고가 없다.**

병화·정화 일간에는 토고(土庫)가 없으므로, **식상고가 없다.**

무토·기토 일간에는 토고(土庫)가 없으므로, **비겁고가 없다.**

② 십신고가 없는 경우 대안

십신고가 없는 문제를 해결하려면 '화토동궁(火土同宮)' 설에 의지한다. 화고(火庫)를 토고(土庫)에 대신하면 된다. 또한 무토와 기토는 병화와 정화로 대신하여 대입하면 해결된다.

__**경금·신금**의 일간이 생 받으려면 인성이 있어야 한다. 토가 인성인데 토고(土庫)는 없으므로, '화토동궁(火土同宮)' 설에 의지하여 **화고(火庫)를 인성고로 쓴다**.

__이런 식으로 **임수·계수**는 토고(土庫)가 없으므로, '화토동궁(火土同宮)' 설에 의지하여 **화고(火庫)를 관고로 쓴다**.

__**갑·을**의 일간에는 토고(土庫)가 없으므로, '화토동궁(火土同宮)' 설에 의지하여 **화고(火庫)를 재고로 쓴다**.

__**병화·정화** 일간에는 토고(土庫)가 없으므로, 식상고가 없다. 두 가지 방법이 있다. 하나는 '화토동궁(火土同宮)' 설에 의지하여 **화고(火庫)를 식상고로 쓰는 방법**이다. 또 하나는 병화와 정화는 무토와 기토의 형제이므로 동일시하여, 또한 '화토동궁(火土同宮)' 설에 의지하여 **금고(金庫)를 식상고로 쓰는 방법이다**.

__**무토·기토** 일간에는 토고(土庫)가 없으므로, '화토동궁(火土同宮)' 설에 의지하여 **화고(火庫)를 비겁고로 쓴다**.

좋은부모

제11장
형(刑)·충(沖)·회(會)·합(合)으로 지장간 투출

제1절 **지지 변동**
　① 무엇이 동하는가?

제2절 **지장간 투출**
　① 합, 충, 형, 자충과 자형
　② 4대 고장지

제1절
지지(地支) 변동(變動)

지지가 동(動)한다는 것은 어떤 것이 원인이 되어 사건·사고가 발생한다는 의미이다. 대표적인 원인은 형·충·회·합으로 지지가 동하면, 그 결과로 지장간이 투출된다. 그렇게 현출된 천간끼리 생극제화가 발생한다.

설령 투간하지 않더라도 동(動)하게 한 원인의 속성이 반영된 일들이 발생한다.

1 무엇이 동(動)하는가?

1 십신(十神)의 변동

투출된 천간의 생극제화로 십신의 작용이 발현된다. 육친의 문제가 발생한다.

__식상이라면 나의 활동력, 모친, 자식 문제이다.
__재성이라면 부인, 돈, 남자, 부친 문제이다.
__관성이라면 직장, 남편, 명예, 자식 문제이다.
__인성이라면 문서, 학위, 자격증 문제이다.
__비겁이라면 자신, 형제, 친구, 동료 문제이다.

2 궁(宮)의 변동

연지(年支), 월지(月支), 일지(日支), 시지(時支) 자리와 관련된 것에 변동이 생긴다.

__연지... 조상, 국가, 해외이다.
- ▶ 국가와 관련된 일이다.
- ▶ 공무원 시험을 준비하라고 한다.
- ▶ 배낭여행, 해외에 나갈 수 있다.
- ▶ 청춘 남녀라면 외국인과 교제하는 운이다.

▶ 조상은 시류에 맞지 않으므로 통변하지 않는다.

__월지…__ 부모, 직장, 고향이다.

▶ 부모에게 일이 생긴다.

▶ 직장에 변동수가 있다.

▶ 요즘에는 고향의 개념이 약하므로 생략한다.

▶ 타고난 가문이나 유전자이므로 바꿀 수 없다. 그래서 업이라고 통변하기도 한다.

__일지…__ 내 몸, 배우자, 나의 집이다.

▶ 이 자리가 동(動)하면 내 신변에 변화가 생긴다.

▶ 배우자 운이 동(動)한다.

▶ 내가 이사를 하거나 이동수가 있다.

▶ 미혼자는 결혼 운이 있고, 기혼자는 이별 운이 있다.

__시지…__ 자식, 문호, 문, 바깥, 외부이다.

▶ 이 자리가 동(動)하면 자식과 관련된 일이 생긴다.

▶ 동일한 지지의 해에 자식이 출생하는 경우가 있다.

▶ 밖에 나가면 어떤 일이 발생하는지 알 수 있다.

▶ 일간이 지향하는 가치관이라고 통변한다.

3 성질의 변동

합·충·형 등의 성질에 따른다.

합이면 연합할 일이 생긴다.

충이면 교환할 일이 생긴다.

형이면 방해가 되는 일이 있다.

제2절
지장간(地藏干) 투출

① 합(合), 충(沖), 형(刑), 회(會), 자충(自沖)과 자형(自刑)

_4대 생지(生支), 4대 왕지(旺支)는 합·충·형에서 모두 투간한다.
　육합(六合), 삼합(三合), 육충(六沖), 인사신형(寅巳申刑)이 해당된다.

_4고의 형과 충 모두 투간한다.
　진술충(辰戌沖), 축미충(丑未沖), 술미형(戌未沖), 축술형(丑戌刑),
　축술미형(丑戌未刑)은 개고하며 투간한다.

_자충 또는 자형에서 모두 투간한다.
　자형(自刑)은 오오(午午) 자형, 유유(酉酉) 자형, 해해(亥亥) 자형,

진진(辰辰) 자형 4개이다.

__그 이외에는 동일한 지지끼리 오면 자충(自沖)이라고 한다.
  자자(子子) 자충, 축축(丑丑) 자충, 인인(寅寅) 자충, 묘묘(卯卯) 자충, 사사(巳巳) 자충, 미미(未未) 자충, 신신(申申) 자충, 술술(戌戌) 자충 8개이다.

② 4대 고장지(庫藏支)

1 육합(六合)

육합에서는 **생지·왕지**만 투간하며 **4대 고장지**는 투간하지 않는다.
4고의 견고함, 요지부동, 고집, 게으름 등을 연상할 수 있다.

__**자축합**(子丑合)에서 자(子)는 투간하나, 축(丑)은 투간하지 않는다.

__**인해합**(寅亥合)에서 인(寅)과 해(亥)는 모두 투간한다.

__**묘술합**(卯戌合)에서 묘(卯)는 투간하나, 술(戌)은 투간하지 않는다.

__**진유합**(辰酉合)에서 유(酉)는 투간하나, 진(辰)은 투간하지 않는다.

__**오미합**(午未合)에서 오(午)는 투간하나, 미(未)는 투간하지 않는다.

__**사신합**(巳申合)에서 사(巳)와 신(申)은 모두 투간한다.

2 삼합(三合)

삼합에서는 **생지·왕지** 모두 투간하나 역시 **4고**는 투간하지 않는다. 생지인 **인·신·사·해**와 왕지인 **자·오·묘·유**의 지장간은 투출한다.

- **인오술**(寅午戌)에서 인(寅)과 오(午)는 투간, 술(戌)은 투간하지 않는다.

- **사유축**(巳酉丑)에서 사(巳)와 유(酉)는 투간, 축(丑)은 투간하지 않는다.

- **신자진**(申子辰)에서 신(申)과 자(子)는 투간, 진(辰)은 투간하지 않는다.

- **해묘미**(卯亥未)에서 해(亥)와 묘(卯)는 투간, 미(未)는 투간하지 않는다.

삼합의 마지막 고지인 **진, 술, 축, 미**는 합에서 개고 및 투간하지 않는다. 4고는 합으로 투간하지 않는다. 그러나 동(動)하게 한 원인, 속성, 궁에서는 모두 반영된다는 것을 확인할 수 있다.

*통변의 Tip

이미 평생 사주를 봐준 사람이라도 매년 해가 바뀌면 신수를 다시 봐줘야 한다. 대운과 세운이 바뀌면서 동(動)하는 지지가 있으며, 어떻게 동(動)하는지 확인한다. 그것이 원인 및 속성이 되어 그 궁 또는 육친에서 사건, 사고가 발생한다. 연구해 보면 매해 새로운 이야깃거리가 무궁무진하다.

좋았노라 낙향

제12장

12운성(運星)

좋은 운을 부르는 사주명리학

제1절 **포태법**
　　① 양포태법
　　② 음포태법
　　③ 육합과 삼합
제2절 **12운성의 성질**

제1절 포태법(胞胎法)

사주 명리학의 용어 중에 자주 들어본 말이 있을 것이다. 록(祿)·장생(長生)·묘고(墓庫)·절(絶) 등인데 그것이 바로 12운성이다.

포(절)-태-양-생-욕-대(또는 관대)-관(또는 건록)-왕-쇠-병-사-묘로 12개가 된다. 포태로 시작하므로 포태법이라고도 한다.

일주의 천간이 4개의 지지에 임할 때의 특성을 알 수 있다.

일간의 왕쇠 또는 왕상휴수사를 논하는 이론도 있다. 그러나 일간이 지지와 만나 성격, 기질, 태도 등이 어떻게 달라지는지 정도에서 통변해도 충분할 것 같다.

12운성을 정할 때에는 양포태법(陽胞胎法)과 음포태법(陰胞胎法) 두 가지가 있다. 양 일간인 경우는 순행하는 양포태법, 음 일간인 경우에는 역행하는 음포태법을 쓴다.

두 포태법 중 양포태법만 옳다는 이론이 있다. 그 근거로 갑과 을의 묘지는 동일하게 미(未)가 되기 때문이다. 갑 일간과 을 일간 모두 묘에서 제왕이 된다. 대개 제왕은 양인이다. 갑묘는 양인이 되지만, 을묘는 양인이 안 된다.

그러면 음 일간은 음포태를 적용해야 한다는 이론이다. 을의 묘고는 미(未)인데, 음 포태로 하면 술(戌)이 되니 안 된다. 그러나 제왕은 인(寅)이 된다. 을인(乙寅)은 양인이 되므로 맞다. 각각 문제가 있으므로 양포태와 음포태 두 가지 다 알아두고 취사선택하기 바란다.

1 양포태법(陽胞胎法) : 양 일간의 12운성 정하기

1 일간의 묘고 기준으로 잡는 법

― 일간을 기준으로 본다. 일간이 갑인 경우를 예로 들어보겠다.
― 일간의 오행을 안다. 갑이 목이므로 목오행이다.
― 일간의 묘고를 찾는다. 목고는 미가 된다.
― 미를 12운성 중에 묘라 정한다. 다음 지지는 신이며, 12운성 중에 묘 다음은 '포 또는 절'이 된다.

__이렇게 묘고 다음의 지지부터 '포 또는 절'이 되며, 12운성의 시작이다.

__포(또는 절)-태-양-생-욕-대-관-왕-쇠-병-사-묘를 신-유-술-해-자-축-인-묘-진-사-오-미와 1:1로 대응시킨다.

2 일간의 제왕으로 시작하는 법 : 양 일간은 12운성 및 지지 모두 순행

__갑(甲) 일간인 경우, 지지 제왕이 묘(卯)이다.

__묘(卯)에서부터 왕-쇠-병-사-묘-포-태-양-생-욕-대-관을 순행한다.

__12지지 묘-진-사-오-미-신-유-술-해-자-축-인에 1:1로 대응하며 붙이면 된다.

〔12운성 양포태법 주견표〕

운성 일간	장생	목욕	관대	건록	제왕	쇠	병	사	묘	포 (절)	태	양
甲	해	자	축	인	묘☞	진	사	오	미	신	유	술
丙	인	묘	진	사	오☞	미	신	유	술	해	자	축
戊	인	묘	진	사	오☞	미	신	유	술	해	자	축
庚	사	오	미	신	유☞	술	해	자	축	인	묘	진
壬	신	유	술	해	자☞	축	인	묘	진	사	오	미

② 음포태법(陰胞胎法) : 음 일간의 12운성 정하기

1 일간의 묘고 기준으로 보는 법
_일간이 을인 경우이다. 양간과 음간의 12운성은 다르게 돌아간다.
_일간의 오행을 안다. 을목이므로 목오행이다.
_일간의 묘고를 찾는다. 목고는 미가 된다.
_양목의 경우는 고장지인 미토 다음부터, 즉 양인 신금부터가 출발이다.
_그러나 음목인 경우는 양의 신금이 아니라, 같은 음의 유금에서 출발한다.
_그러나 거꾸로 역행한다. 유가 포 또는 절이 된다.
_포(또는 절)-태-양-생-욕-대-관-왕-쇠-병-사-묘를 유-신-미-오-사-진-묘-인-축-자-해-술과 1:1로 대응시킨다.

2 일간의 제왕으로 보는 법 : 음 일간은 12운성 및 지지 모두 역행
_을(乙) 일간인 경우, 지지 제왕이 인(寅)이다.
_인(寅)에서부터 거꾸로 왕-쇠-병-사-묘-포-태-양-생-욕-대-관을 역행한다.
_12지지 인-축-자-해-술-유-신-미-오-사-진-묘에 1:1로 대응하며 붙이면 된다.

〔12운성 음포태법 조견표〕

운성 일간	생	욕	관대	건록	제왕	쇠	병	사	묘(고)	포(절)	태	양
乙	오	사	진	묘	인	축	자	해	술	유	신	미
丁	유	신	미	오	사	진	묘	인	축	자	해	술
己	유	신	미	오	사	진	묘	인	축	자	해	술
辛	자	해	술	유	신	미	오	사	진	묘	인	축
癸	묘	인	축	자	해	술	유	신	미	오	사	진

제2절
12운성의 성질

포(胞) 또는 절(絶)

과거와 인연을 끊고, 절처봉생(絶處逢生)한다. 절(絶)은 기존의 것을 버리고 정리하는 것이며, 포(胞)는 새로운 것을 껴안는다는 뜻이다. 포(胞) 또는 절(絶) 두 가지는 동전의 양면이다.

태(胎)

새로운 것과 접목하여 태동한다. 꿈, 희망, 호기심, 낭만이 있다. 안전성과 조심성을 가지고 초심을 유지한다. 매사 돌다리도 두드리며 건너는 등 작은 일부터 최선을 다 하며 성취한다.

양(養)

보살핌 속에 양육된다. 가업을 이어받거나 유산 상속을 받는다.

양수 속에 있으니 풍요로우며 안정과 여유가 있다. 어디서든 보살 핌을 받고, 떠받듬을 받는다. 공주병, 왕자병이 있어 타인의 도움과 사랑을 당연하게 자연스럽게 받아들인다.

장생(長生)

금방 태어난 아기의 여생이 가장 많이 남아 있으니 장생(長生)이다. 오래 살려면 건강하고 복록이 있어야 한다. 생존 능력 역시 배워야 한다. 하나를 가르치면 열을 깨우친다. 습득력, 학구력, 창조력, 응용력 등이 탁월하다. 연구, 개발, 기획, 영업 등 모두에 적합하다.

목욕(沐浴)

허물을 벗고 아름다운 나비가 된다. 청소년기이며 남들을 의식하고, 자신과 비교하는 자의식이 생긴다. 생존을 위한 준비를 마쳤으니, 이젠 멋지게 사는 것도 중요하다. 장식하고 치장하고 돋보이게 하는 재능이 있다. 예술가, 연예인, 디자이너, 건축가, 작가, 영화 감독 등이 이에 해당한다.

관대(冠帶)

대학생으로 정체성과 가치관을 정립하다. 몸으로 발로 직접 뛴다. 모험, 경험, 고난을 두려워하지 않는다. 젊을 때는 '만권의 책보다 만리의 길을 가는 것이 낫다' 라고 한다. 고난을 통해 큰 그릇으로 확장된다. 자수성가형으로 자기주장과 고집이 강하다. 군, 검, 경, 의사 등이 좋다.

건록(建祿)

국가나 조직의 구성원으로 공적인 무대에 진출한다. 그에 걸맞는 품격과 능력이 완비되어 있다. 안정된 수입 또는 록을 받으며 독립된 가정을 꾸려 성실하게 의무와 책임을 다 한다. 과거에는 국가의 녹봉 또는 벼슬아치를 일컫는다.

제왕(帝旺)

양인의 특성을 가진다. 양인은 칼을 쓴다. 칼은 양면성이 있어 오랜 기간 수련을 거쳐야 안전하게 자유자재로 사용할 수 있다. 자기 분야에서 최고의 기술을 가진 전문가로 왕성하게 활동을 한다. 그 자리에 오르기까지 많은 경쟁자를 물리쳐야 하니 기본적으로 경쟁력이 있으며, 호승심 역시 강하다.

쇠(衰)

전직 선황이다. 한때 세상을 호령하던 경험과 노하우가 풍부하다. 또는 숨은 실력자이며, 킹메이커이다. 지원 부서, 고문, 연수, 컨설팅 등을 담당하면 재능을 발휘할 수 있다.

병(病)

문제 또는 병폐를 잘 안다. 그것의 개선 또는 치유를 위한 상담, 교육, 보살피는 일 등이 잘 맞는다. 공감 능력이 있어 사람 관계 및 소통과 대화에 능하다. 상담사, 간호사, 교사 등이 좋다.

사(死)

절제, 안분지족, 중용의 도를 깨우친다. 일선에서 은퇴하여 연금을 받으며 여유로운 삶을 누린다. 삶에 대한 성찰과 사색을 하며 종교인, 철학자, 역학자 등의 길을 선호하기도 한다.

묘고(墓庫)

모든 것을 수렴하고 저장하며 가둔다. 데이터나 지식, 음식 등의 축적, 숙성, 발효하는 장소이며 기간이다. 무덤이나 감옥이기도 하지만 대대손손 자손을 이어갈 종자, 유물, 보물 등도 보관하는 곳이다. 회고록, 책 간행, 유산상속 등이 이루어진다.

좋은 엄마로 키운다

제13장

12운성(運星)과 12신살(神殺) 비교

좋은 운을 부르는 사주 명리학

제1절 12운성과 12신살 비교
  1 기준
  2 12운성은 일간 기준
  3 12신살은 띠 기준
  4 차이점
  5 적성과 흥미

제2절 12신살
  1 12신살 정하는 법
  2 12운성 정하는 법 복습
  3 12신살의 특징

제1절
12운성(運星)과 12신살(神殺) 비교

1 기준

12운성은 일간(日干)으로 본다.
'포-태-양-생-욕-대-관-왕-쇠-병-사-묘'의 순서이다.
반면에 12신살은 띠, 즉 연지(年支)로 본다.
'겁-재-천-지-연-월-망-장-반-역-육-화'의 순서이다.

똑같이 12개씩이라 가끔 혼동이 된다. 특히 나이들어 사주를 공부하는 사람은 순서대로 암기해야 하므로 고역이다. 사주앱에는 완성형으로 바로 나오지만, 인스턴트 음식과 같다. 사주는 역시 손맛이다. 하나씩 엄지손가락으로 짚어가면서 지지가 주는 느낌, 매칭을 음미하기를 바란다.

2 12운성은 일간 기준

12운성은 일간이 어떤 지지를 만나느냐에 따라 달라진다.

A라는 사업가는 회사 직원들한테는 갑이 되는데, 거래처 사장을 만나면 을이 된다. 밖에서는 쩔쩔매다가 집에만 오면 큰소리치는 사람도 있다. 일간인 내가 어떤 지지를 만나느냐에 따라 운이 달라지고, 인생이 달라진다. 지지를 시공이라고 한다면, 시공에 따라 내가 다양한 페르소나와 역사를 갖게 된다는 것이다. 그렇다고 나의 일간, 즉 나의 본질이 변하는 것은 아니다.

3 12신살은 띠 기준

12신살은 연주, 즉 띠로 본다. 조상의 자리이니, 죽음과 가깝다. 이 세상에 억울하거나 여한이 없는 죽음이 어디 있을까. '살(殺)'이라고 이름 붙일 만하다. 달리 해석해 본다면 대국적인 견지에서 범주화하는 것이다. 연주가 국가의 자리, 조상의 자리가 되니 시스템 속에서, 공동체 속에서 개인을 구성원으로 자리매김하는 필요성 때문이 아닐까 추측해 본다. 혹자는 일지 기준으로 신살을 보기도 한다.

4 차이점

규정하는 기준이 일간 또는 연지로 각각 다르다는 것 말고, 12신살과 12운성은 어떤 점이 다를까? 각각 내향형과 외향형의 두 교사가 있다. 여기에서 내향형과 외향형은 12운성이고, 교사는 12신살이다.

어떤 감독은 카리스마 리더십을 가지고 있고, 박항서와 같은 감독은 파파 리더십을 가지고 있다. 감독은 12신살이고, 카리스마 또는 파파 리더십은 12운성의 특성이다.

5 적성과 흥미

물론 12운성의 성격으로 직업을 매칭하는 것도 가능하다.

파파 리더십을 가진 사람은 고문이나 컨설턴트가 잘 맞을 것이다. 카리스마가 넘치는 사람은 강한 직업, 즉 군, 검, 경, 의사 등이 좋을 것이다. 상담사가 마음이 따뜻하고, 군인이 카리스마가 넘친다면 가장 이상적일 것이다. 12운성과 12신살이 일치한다는 것은 적성과 흥미가 모두 일치하는 최고의 조합이다.

제2절
12신살(十二神殺)

1 12신살 정하는 법

— 띠, 즉 연주(年柱)의 지지를 확인한다.
— 삼합의 조합 중에 어디에 속하는가 본다. 삼합은 '신자진, 해묘미, 인오술, 사유축'이다.
— 만약 말띠라면 오가 연지(年支)가 된다. 오는 인오술 합의 왕지(旺支)가 된다.
— 왕지를 '장'으로 하여 순행한다. 오가 '장'이 되고, 미가 '반'이 된다.
— '장-반-역-육-화-겁-재-천-지-연-월-망'과 '오-미-신-유-술-해-자-축-인-묘-진-사'를 일대일 대응시킨다.

＿ 절대적으로 중요한 것은 인오술 띠는 모두 오가 '장'이 된다.
＿ 인은 '지'가 되고, 술은 '화'가 된다.

 삼합은 생지-왕지-고지로 모두 지-장-화가 된다. 국가 권력으로 치면 삼권 분립으로 '입법·행정·사법'이며 '국회·정부·법원'이며, '국민의 대표, 정치가, 판검사 영감'이 된다.

② 12운성 정하는 법 복습 【*제12장 참고】

1 양(陽) 일간 : 양간(陽干)이면 양포태법으로 순행
＿일간을 확인한다. 병화(丙火)이다.
＿일간 오행의 고장지를 찾는다. 화 오행이면 술(戌)이 묘지가 된다.
＿술 다음 지지부터 '해, 자, 축, 인...' 순서로 '포, 태, 양, 생...'이 된다.

2 음(陰) 일간 : 음간(陰干)이면 음포태법으로 역행
＿일간을 확인한다. 정화(丁火)이다.
＿일간의 오행의 고장지를 찾는다. 화 오행이면 술(戌)이 묘지가 된다.
＿술 다음은 해로 양의 지지이다. 음 일간과 양의 지지는 안 된다.
 같은 음의 지지인 글자부터 포가 된다.
＿음간은 역행하므로 '자, 해, 술, 유...' 순서로 '포, 태, 양, 생...'이 된다.

③ 12신살의 특성

1. **장성살(將星殺)**...자·오·묘·유 중의 하나이며, 대척점은 재살이다. 삼합 중 중앙에 있으니 왕지이며, 대장이며, 장군이며, 주군이며, 현직 실세이다. 어디서든 최소한 구심점이 된다. 정치가, 중견간부, 고위공직자 등으로 진출하면 좋다.

2. **반안살(攀鞍殺)**...진·술·축·미 중의 하나이며, 대척점은 천살이다. 말 위 안장에 올라타니 가는 길이 편안하다. 공직자로 출세하던가 신의 직장에서 근무한다.

3. **역마살(驛馬殺)**...인·신·사·해 중의 하나이며, 대척점은 지살이다. 역마는 한시가 급하니 달려야 한다. 교통이며, 삽시간에 사방팔방 소문을 내고 연락을 취하니 통신이며 뉴스이다. 기자, 앵커, 작가, 리포터, 평론가, 비평가, 블로거, SNS, 인공위성, CCTV, 유튜버 등이다.

4. **육해살(六害殺)**...자·오·묘·유 중의 하나이며, 대척점은 연살이다. 여섯 가지 해로움에 처하게 되니 정확하게 속전속결 대처해야 피해를 줄일 수 있다. 아니면 선방을 날려야 한다. 주식전문가, 투자전문가, 외과의사, 컨설턴트 등 미래를 예견하는 솔루션이나 투자 관련 일에 적합하다.

5. **화개살(華蓋殺)**...진·술·축·미 중의 하나이며, 대척점에 월살이 있다. 빛날 화에 덮을 개로 꽃방석살이라고도 한다. 꽃방석에 앉는 사

람은 존경받는 사람, 현자, 학자, 전문가, 웃어른, 손님, 스님, 종교인 등이다. 아름답게 분식(粉飾)하는 예술가, 묘고이므로 빅데이터 전문가, 컨설턴트, 종교인 등이 어울린다.

6 **겁살(劫殺)**…인·신·사·해 중의 하나이며, 망신살과 대척점에 있다. 타자 지향적이며, 승부욕이 강하다. 운동 선수가 좋다. 실적 왕이 된다. 금메달을 추구한다. 뺏거나 뺏기거나 하면서 실력이 상승한다. 워커 홀릭의 성향이 다분하며, 타깃이 정해지면 브레이크 없는 벤츠이다.

7 **재살(災殺)**…자·오·묘·유 중의 하나이며, 장성살과 대척점에 있다. 삼합 중 가운데 왕지에 해당한다. 지장간은 순일하다. 수옥살이라고도 하며, 달리 말하면 한 가지 일에 갇혀 집중하는 전문가, 연구직이 좋다.

8 **천살(天殺)**…진·술·축·미 중의 하나이며, 대척점은 반안살이다. 반안살이 고관대작이라면, 천살은 황제이다. 자신이 최고이니, 가진 것과 상관없이 대접받는 것에 익숙하다. 1인 기업을 할 망정 어디 가서 머리 숙이지 않는다. 프리랜서가 적격이다. '천(天)' 자(字)로 인해 외국 관련 일도 좋다.

9 **지살(地殺)**…인·신·사·해 중의 하나이며, 대척점은 역마살이다. 땅은 영토, 재산, 국가, 봉토의 상징이다. 봉신은 영주로부터 받은 봉토의 대표자가 된다. 자기 이름을 걸고 일한다. 땅이나 영토를 섭렵하는 여행, 외교, 무역, 부동산, 여행, 외교, 외국, 무

역 등과 관련된 인연이 있다.

⑩ **연살(年殺)**...자·오·묘·유 중의 하나이며, 대척점은 육해살이다. 도화살(桃花殺)로 매력과 인기가 있다. 장사를 하든 연예인이 되든 이런 살이 있어야 단골도 많고 팬덤이 형성된다. 일단 무슨 일이든 사람이 모여야 일이 성사된다. 어떻게 활용하느냐는 자신에게 달려 있다. 미적인 감각이 있어 패션, 인테리어, 리모델링, 디자인, 상품화 등에 재능이 있다.

⑪ **월살(月殺)**...진·술·축·미 중의 하나이며, 대척점은 화개살이다. 달과 관련된 일이니 월급이나 연금을 받는다. 사주에서 월주는 부모의 자리이니 유산 상속이다. 보름달 아래 정한수를 떠다 놓고 기도하니 토속 민간 신앙과 인연이 있다.

⑫ **망신살(亡身殺)**...인·신·사·해 중의 하나이며, 대척점은 겁살이다. 생각만 하지 않고, 직접 몸으로 발로 뛰며 시행착오를 겪는다. 그만큼 실행력과 피드백이 좋아 실력자로 빠르게 등극한다. 소위 얼굴 팔리는 걸 즐기는 배짱이 있다. 연예인, MC, 영업, 공연, 강사, 유튜버 등에 적합하다.

제14장
한 칼 쓰는 양인살(羊刃煞)

제1절 **양인살이란**
　① 살(殺)과 살(煞)의 이해
　② 양인살의 의미
　③ 양인살, 겁재, 제왕의 이해

제2절 **양인살의 조건**
　① 양인살의 조건
　② 양인살의 간지

제3절 **계축은 양인인가**
　① 계축은 양인이라는 반대 근거
　② 계축은 양인이라는 찬성 근거
　③ 결론

제1절
양인살(羊刃煞)이란

1 살(殺)과 살(煞)의 이해

살벌한 살을 소개해보겠다. 살은 죽일 살이다. 그런데 같은 뜻으로 한자는 두 개가 있다.

하나는 **죽일 살**(殺)로 일반적으로 죽인다는 뜻이다. 파자해 보면 '손에 도구를 이용해 멧돼지를 죽인다'라는 뜻이다. 애초에 인류의 먹거리를 위해 죽임이 시작됐음을 짐작할 수 있다. 살생·살해 등과 조합해서 쓰이는 단어이다.

또 하나의 살은 **죽일 살**(煞)이다. 파자해 보면 '급하다, 치다, 불'이라는 글자들이다. '불같이 빠르게 쳐 죽인다'는 뜻이 된다. 무시무시하다. 급살·흉살 등의 조합으로 쓰인다.

그러나 요즈음에는 두 가지 살을 구분하지 않는다. '살(殺)'로 통일하는 경향이 있어, 이 책에서는 혼용하기로 한다.

② 양인살(羊刃殺)의 의미

양인살(羊刃煞)의 한자를 보면 '양, 칼, 단숨에 죽인다'의 조합이다. '착한 양을 단숨에 칼로 베어 죽인다'는 뜻이다. 그렇다면 양인살을 가진 사람은 성격이 불같이 급하다. 무자비하며, 인정사정 두지 않는다. 지체하지 않고 대담무쌍하게 해치운다.

목표를 가지면 반드시 성공한다. 굳건하여 장애와 고난을 잘 이겨낸다. 어떤 분야에서든 최고가 된다. 한 칼 쓰는 전문가가 된다. 무에서 유를 창조하며 자수성가한 사람, 유명인사, 큰 부자, 큰 인물들에 많은 사주이다.

반면 성급하고 독선적이니 다른 사람들과 마찰을 부른다. 구설, 관재수, 수술 등을 조심해야 한다. 이런 사람은 마음 수양을 많이 하는 것이 건강하게 오래 사는 비결이다.

일주가 양인이라면 일지의 배우자도 힘들다. 매일 이런 사람과 한 집에서 같이 생활한다고 생각해 보라. 배우자도 평범한 사주가 아니어야 한다. 통이 크거나 상호보완이 되거나 그래야 산다. 차라리 주말 부부로 따로 떨어져 사는 것이 낫다.

지인 중에 양인살을 가진 사람이 있는데 비혼주의자이다. 능력이 대단한 사람이다. 일을 과감하게 도모하고, 반드시 성사시켰는데 그 스케일이 상상 이상이다. 옆에 심약한 배우자가 있었으면 이상이 안 맞았을 것이며, 결단력과 추진력에 방해만 되었을 것이다.

③ 양인살, 겁재(劫災), 제왕(帝旺)의 이해

양인살은 12운성(運星) 중에 제왕이 된다. 제왕이 되기 위해서는 수단과 방법을 가리지 않는다. 처음에는 측근의 도움을 받지만, 추대되고 나면 토사구팽(兎死狗烹)도 쉽게 한다. 부모 자식 간, 형제 간이라도 제거하고 살육하는 피비린내 나는 왕들의 역사는 어느 나라에나 존재한다.

양인살은 십신(十神) 중에 겁재(劫災)에 해당한다. 겁재가 재산을 겁탈한다 하지만 양인보다는 흉이 덜하다. 또한 십신 중에 편관, 즉 칠살도 나쁜 것으로 본다. '일곱 번째 살'이라는 뜻이다. 그러나 칠살이 무식한 주먹질이라면, 이 양인은 기술적으로 칼을 써서 제압하니 칠살은 상대도 안 된다.

제2절
양인살(羊刃煞)의 조건

1 양인살의 조건

___ 일간(日干) 위주로 본다.

___ 무토(戊土) 일간이라면 오화(午火)가 어느 지지에 있는지 본다.

___ 일지(日支)에 있는 것이 일간(日干)에 가장 영향력이 크다.

___ 동일한 오행(五行)이어야 한다.

___ 양간(陽干)이어야 한다.

___ 착배(錯配)여야 한다.

___ 양간(陽干)에 음(陰)의 지지(地支)여야 한다.

② 양인살의 간지(干支)

양인살의 조건에 부합하는 간지는 갑묘(甲卯)·병오(丙午)·무오(戊午)·경유(庚酉)·임자(壬子)이다. 그런데 갑묘와 경유는 올바른 간지 조합이 아니다.

그러므로 양인살의 간지는 **병오(丙午)**·**무오(戊午)**·**임자(壬子)** 세 개뿐이다. 그런데 여기에 **계축(癸丑)**이 포함된다. 그래서 양인살의 간지는 모두 네 개이다.

다음에서 계축이 양인이라는 데 찬반의 근거를 살펴보자.

제3절
계축(癸丑)은 양인(羊刃)인가

1 계축이 양인이라는 반대 근거

- 동일한 오행(五行)이 아니다. 계수(癸水) 아래의 축토(丑土)는 수오행(水五行)이 아니다.
- 수묘고(水墓庫)도 아니며, 금묘고(金墓庫)이다.
- 양간(陽干)이 아니다. 음간(陰干)이다.
- 착배(錯配)가 아니다. 같은 음(陰)끼리 정배(正配)가 된다.

2 계축이 양인이라는 찬성 근거

- 양인살은 칼과 관련이 있다.
- 칼의 창고는 금묘고(金墓庫)인 축토(丑土)이다.

— 축토는 양인살의 근원이 되는 창고이다.

— 축토와 어울리는 천간은 음의 천간이어야 한다.

— 양인은 지지에 일간의 뿌리가 있어야 한다.

— 축토의 지장간(支藏干)은 기토(己土), 신금(辛金), 계수(癸水)이다.

— 기축(己丑), 신축(辛丑), 계축(癸丑) 조합을 상정한다.

— '화토동궁설'에 의하면 기토(己土)는 정화(丁火)이므로 제외한다.

— 신축(辛丑)은 비겁고(比劫庫)이므로 제외한다.

— 양인인 '무오, 병화, 임자'는 비겁고인 '무술(戊戌), 병술(丙戌), 임진(壬辰)'과 별개이다.

— 남은 것은 '계축(癸丑)' 일간뿐이다.

③ 결론

결론적으로 양인(羊刃)은 칼과 관련이 있다.

칼의 묘고는 축토이므로 배제할 수 없다. 지장간과 뿌리가 있는 일간은 기(己), 신(辛), 계(癸)이다. 혼동을 배제할 수 있는 간지 조합으로 계수(癸水)밖에 없어, 계축은 양인으로 인정된다.

그러므로 **병오(丙午)·무오(戊午)·임자(壬子)·계축(癸丑)** 네 개가 4대 양인살(羊刃煞)이 된다.

좋은 않습니다

제15장

괴백양살(魁白羊煞)
_괴강살, 백호살, 양인살

종이 양끝을 쥐고 찢는 사주학

제1절 **괴강살**
    ① 괴강살이란
    ② 괴강살의 간지
    ③ 괴강살 일주 강점

제2절 **백호살**
    ① 백호살이란
    ② 백호살의 간지
    ③ 백호살을 가진 사람들

제3절 **괴백양살 간단 비교**
    ① 괴백양살에 해당하는 천간
    ② 괴백양살 간의 비교

제1절
괴강살(魁罡煞)

1 괴강살이란

'괴강'은 한자로 **우두머리 괴**(魁)와 **북두성 강**(罡)의 조합이다. 북두칠성의 첫 번째 별이라는 뜻이다. 당연히 우두머리이며 리더가 된다. 역시 4개의 기둥, 주(柱)에 모두 해당하며, 해당 육친(六親)과 궁(宮)에 작용한다.

혼자 어둠 속에서 빛나며 무리를 이끌고 가므로 총명하며, 리더십과 통솔력이 있다. **살**(煞)이라고 하는 이유는 강폭하며 맹렬한 권위가 있기 때문이다. 한국의 윤석열 대통령과 일본의 아베 전 총리의 일주가 경진(庚辰)으로 괴강살에 해당한다.

예전에는 여성의 경우 팔자가 세다고 하여 기피하였다. 요즘처럼 각자도생하는 시대에는 독립적이며 똑똑하고 능력 있는 여성은 최고로 선망의 대상이 된다. 또한 괴강살의 여성은 미모가 뛰어나다고 한다.

② 괴강살의 간지(干支)

괴강살의 간지는 **무진**(戊辰), **무술**(戊戌), **경진**(庚辰), **경술**(庚戌), **임진**(壬辰), **임술**(壬戌) 여섯 개이다.

연주(年柱)로 볼 때 1958년 개띠 무술생, 70년 개띠 경술생, 82년 개띠 임술생, 88년 용띠 무진생, 2000년 용띠 경진생, 2018년 개띠 무술생 등이 이에 해당한다. 실제로는 일주(日柱)의 괴강살의 작용이 제일 중요하다.

괴강살이 깔고 있는 진토(辰土)와 술토(戌土) 자체는 미토(未土)와 축토(丑土)보다 방대하다. 술토(戌土)는 천문성(天文星, 天門星)으로 '하늘의 학문, 역학, 종교, 하늘의 문'을 의미하며, 하늘과 마주하는 진토(辰土)는 땅을 의미하기 때문이다.

일간이 진토(辰土)와 술토(戌土)를 깔고 있으면 기본적으로 큰 사주이다. 대부자, 대귀한 자, 위엄과 당당함을 갖춘 자이다. 스케일이 큰 만큼 운도 크게 위아래로 요동칠 수 있다.

③ 괴강살의 일주(日柱) 강점

괴강 일주에 인성(印星)과 비겁(比劫)이 많으면 아주 귀한 운명이다. 자신의 집이 크니, 그곳을 채우고 관리하려면 자신을 도와주고, 지지하는 무리가 많아야 한다. 집이 큰데 나 혼자 사는 것, 그나마 있는 사람들끼리 불화하면 그야말로 흉격이다.

괴강살의 가장 부러운 점은 술토(戌土)와 진토(辰土)의 규모와 풍요로움이다. 스스로 우주 또는 거대한 땅을 지지에 깔고 있으니 꺼내 쓰기만 하면 된다. 다른 사람을 구차하게 따라가지 않아도 된다. 그저 참고하고 동기를 부여받는 정도면 된다. 자신이 모두 품고 가지고 있으니 자신을 믿어야 한다. 새로운 길, 새로운 이론, 새로운 화풍, 새로운 학파, 새로운 스타일 등 본인이 가면 어디든 곧 길이 된다.

제2절 백호살(白虎煞)

1 백호살이란

　백호살은 '백호가 물어가 피를 본다'는 살이다. 살 중에서 가장 무섭다 하여 **백호대살**(白虎大煞)이라고 한다. 유명인의 사주에 많다. 4개의 기둥에 모두 해당하며, 해당 육친과 궁에 작용한다.

　예로부터 백호살은 피를 본다고 한다. 불화, 질병, 사고, 수술, 횡액 등이 따른다. 그러나 승부수를 던지고, 추진하다 보면 활동량이 많아지고 당연히 사고에 빈번하게 노출된다. 운동선수가 많이 다치는 원인이 시합과 연습이다. 집에 가만히 있으면 웬만해서는 다칠 일이 없다. 백호에게 물려가는 것은 밖에 나가 왕성하게 활동하다가 발생하는 일이다.

② 백호살의 간지(干支)

백호살은 지지가 모두 4대 묘고(墓庫)로 '진(辰)·술(戌)·축(丑)·미(未)'이다. 백호살의 간지는 **갑진**(甲辰), **을미**(乙未), **병술**(丙戌), **정축**(丁丑), **무진**(戊辰), **임술**(壬戌), **계축**(癸丑) 일곱 개이다.

모두 묘고 토(土)를 깔고 있다. 땅의 기운은 실질적이며 진정한 힘이다. 자기의 영토를 지키거나 확장하려 한다. 호랑이 중에 하얀 호랑이다. 흰색은 서쪽 방위의 색이며, 추상과 같은 호령을 하는 사람이다. 시시비비를 가리는 사람이다. 국가 권력 중에 사법부, 국방부에 해당한다. 군인, 검찰, 경찰, 교도관, 외과의사 등이 적성에 맞다.

그러나 직업에 대한 편견이 없어지면서 다양한 분야에 진출하여 성공한 사람들이 많다. 강한 승부 근성이 필요한 운동선수, 대중의 인기를 한 몸에 받는 연예인, 언론인, 출세한 정치인, 성공한 사업가, 존경받는 지도자 등 자기 분야에서 지위가 확고하며, 사회적으로 유명한 사람들에게 많은 사주이다.

③ 백호살을 가진 사람들

__ 이효리의 일주는 정축(丁丑)이다.

__ 지인 중에 정구 전직 국가대표선수도 정축(丁丑)이다.

__ 강호동의 일주는 을미(乙未)이다.

__ 탁재훈의 일주도 을미(乙未)이다.

__ 전현무의 일주는 무진(戊辰)이다. 백호살, 괴강살이 겹친다.

__ 지인 중에 운동을 잘하고 입담이 좋고 좌중을 휘어잡는 사람 중에 임술(壬戌)이 있다.

__ 학생회장 출신으로 서울대를 간 어떤 학생은 병술(丙戌) 일주이다. 의대로 전공을 바꾸었다.

__ 공무원 시험 3개를 합격한 어떤 청년은 계축(癸丑) 일주이다.

이들의 공통점은 유전자도 있겠지만 자존감, 승부욕, 확장심, 개척심, 추진력, 독립심, 자기 성취욕이 강하다.

제3절
괴백양살(魁白羊煞) 간단 비교

1 괴백양살이란

— 괴백양살은 괴강살, 백호살, 양인살을 말한다.
— 양인살은 일주(日柱)에만 해당한다.【*양인살 제14장 참고】
— 괴강살과 백호살은 4주(四柱)에 모두 해당된다.
— 그래도 일주(日柱)의 작용이 가장 중요하다.

2 괴백양살 간의 비교

백호살과 양인살은 둘 다 무시무시하지만 약간 다르다.

1 양인살

- 비겁으로 체(體)이다.
- 몸이 지지(地支)에 내려가 있으니 온갖 풍파를 겪는 것이 전제된다.
- 자신을 위해 칼을 휘두르니, 공격이 최선이다.
- 양인살은 신속, 과감, 정확하게 일을 종결짓는다.
- 칼을 쓰는 것은 스킬이나 오랜 수련이 있어야 한다. 전문가이며 실력이 있는 사람이다.

2 백호살

- 땅의 실질적인 기운으로 이미 가진 것이 전제된다.
- 지지가 진(辰)·술(戌)·축(丑)·미(未)이다.
- 자신의 타이틀과 영역을 지키는 디펜딩 챔피언이다.
- 자신의 영토를 수호하는 동시에 확장하기 위해 승부수를 띄운다.

3 괴강살

- 방대한 스케일이 있다.
- 지지가 진(辰)·술(戌)이다.
- 지향하는 바가 있다.
- 창조적이며 앞서 가는 사람 또는 리더이다.

제16장

서울대 귀문관살,
비판자 원진살,
손재주 현침살

제1절 **귀문관살**
　　　① 귀문관살이란
　　　② 귀문관살 지지

제2절 **원진살**
　　　① 원진살이란
　　　② 원진살 지지

제3절 **현침살**
　　　① 현침살이란
　　　② 현침살 간지

제1절 귀문관살(鬼門關煞)

1 귀문관살이란

서울대 출신 사람들의 사주를 봐 준 적이 있다.

'서울대 가려면 귀문관살이 있어야 된다.'라는 말을 들어 본 적이 있을 것이다. 그런데 실제로 확인해 보니 놀랍게도 일지에 귀문관살이 있는 사람들이 상당수 있었다. 단, 깔끔해야 한다!

필자가 상담을 해 준 사람들, 귀문관살이 있는 사람들에게는 공통점이 있었다. 메타인지 능력이 상당히 발달되어 있다. 종교, 철학, 심리, 상담, 정신세계, 역학(易學) 등에 관심이 있다. 영특함은 기본이고 직관력, 통찰력, 상상력, 예술적 감성, 철학적 형이상학적 사유 능력이 뛰어나다.

먹고 살 수 있다면 더 이상의 물질적인 것이나 명예는 신경 쓰지 않는다. 다른 사람을 부러워하지도 부러움을 사지도 않는다. 인간의 내면과 근원에 대한 관심, 궁극의 진리 또는 앎을 추구한다.

귀문관살은 '귀신이 드나드는 문이 열려 있다'라는 의미이다. 일반적인 인지능력이 오감(五感)에 의한 것이라면, 귀문관살이 있으면 육감의 능력이 배가되는 것이다. 내 의지와 상관없이 육감(六感)에 귀신의 힘이 더 실리는 것이다.

일반 사람들이 보는 것을 뛰어넘어 다른 세계를 더 보게 되니 생각도 많고 잡념도 많을 것이다. 자신도 모르는 사이에 영적·정신적·심리적 에너지를 많이 소모하게 된다. 그리고 데이터가 많아지니 그것을 처리하려면 두통과 스트레스 등 각종 병증이 생긴다. 건강을 조심해야 한다.

귀문관살자들이 종교에 의지하거나 정신 세계를 탐구하거나 사람을 떠나 한적한 곳을 가거나 명상하고 수도하는 이유를 알 것 같다.

② 귀문관살 지지(地支)

- 귀문관살은 일지(日支)와 관련해서 연달아 있어야 작용을 한다.
- 일지와 월지(月支), 일지와 시지(時支)의 조합이어야 한다.
- **진해**(辰亥), **축오**(丑午), **사술**(巳戌), **묘신**(卯申), **인미**(寅未), **자유**(子酉) 등 여섯 개이다.
- **진해**(辰亥), **축오**(丑午), **사술**(巳戌), **묘신**(卯申)은 원진살과 겹친다(그외 원진살 자미, 인유).

❖ 귀문관살 암기법

진해에 가면 축오라는 스님이 있다. 사술을 쓰는 묘한 신기가 있는데, 인간미에서 탈피한 자유로운 영혼이다.

❖ 원진살 암기법

진해에 가면 축오라는 스님이 있다. 사술을 쓰는 묘한 신기가 있는데, 미자에게 유인되어 파계하며 서로 원수가 되었다.

제2절
원진살(怨嗔煞)

1 원진살이란

원진이란 '미워하며 화낸다'라는 의미이다. 남 탓을 잘하는 사람이 있다. 그런 사람에게는 잘해줘 봤자 나쁜 소리나 안 들으면 다행이다. 잘되면 자기 덕이고, 잘못되면 남의 탓이다. 내로남불하고, 미워하고, 원망하고, 뒷담화한다. 그래서 원진살을 좋게 안 보며, 특히 궁합을 볼 때 원진살이 되면 배우자로서 부적절하게 본다.

원진살의 진짜 문제는 단순히 남을 미워하고 원망하는 것에 그치지 않는다는 것이다. 부정적인 것에 자신의 귀한 시간과 에너지를 소모하는 것이다. 부메랑이 되어 고스란히 자신에게 돌아온다.

원진살은 지독한 사랑이다. 너무나 사랑해서 집착하고, 뜻대로 안 되니 애증하다가 그래도 안 되니 다시 비난에서 원진으로 귀결된다. 사람에 국한하지 않는다. 직업, 성, 쇼핑, 게임, 도박, 알콜 등에서 이 원진살이 투사되기도 한다. 그래서 원진살은 집착하는 특정 대상에 관한 한 탁월한 전문가가 될 수 있는 소질이다. 선악, 시비, 옥석을 가려내는 능력으로 승화시키면 된다. 비판 능력, 끝까지 추적해야 하는 일과 관련된 직업에 종사하면 금상첨화이다. 감정사, 감독원, 감사원, 평론가, 기자, 변호사, 논술지도, 검찰, 형사, 탐정, 추리소설가 등에서 탁월한 능력을 발휘할 수 있다.

② 원진살의 지지(地支)

- 원진살의 지지는 **진해**(辰亥), **축오**(丑午), **사술**(巳戌), **묘신**(卯申), **자미**(子未), **인유**(寅酉) 등 여섯 개이다.
- 귀문관살 **진해**(辰亥), **축오**(丑午), **사술**(巳戌), **묘신**(卯申), **인미**(寅未), **자유**(子酉) 중 밑줄 친 점선 부분이 원진살과 귀문관살이 겹친다.
- 다른 사람과 원진살의 여부를 볼 때 띠끼리 본다.
  소띠라면 **말띠**와는 원진살이 있다.
- 그러나 정확하게 보려면 나의 일지와 상대의 띠를 봐야 한다.
  나의 일지가 '**묘**(卯)'라면, 원진살은 '**신**(申)' 원숭이 띠이다.

제3절
현침살(縣針煞)

1 현침살이란

어린 시절 부친에 대한 생생한 기억이 하나 있다.

부친은 소리에 굉장히 민감하셨다. 방문 소리, 찬장 문 여닫는 소리, 떠드는 소리 등이 조금이라도 정상치를 벗어나면 꼭 지적을 하셨다. 부주의하게 쿵, 쾅 소리를 내고 다니면 조심성이 없다고 화를 버럭 내셨다. 우리 식구 중에 부친만 그랬다. 부친은 상남자 스타일이라서 유독 소리에 대해 무관용한 것이 필자에게는 정말 이상했다.

나중에 사주를 공부하면서 부친이 일지(日支)와 월지(月支)에 모두 오오(午午)가 있다는 것을 알게 되었다. 현침살이 두 개나 있었다. 또한 모친은 바느질 솜씨가 매우 좋아 우리 옷을 직접 만들어 입힐 정도였다. 역시 신(辛)과 묘(卯) 두 개의 현침살이 있었던 것이다.

현침은 '바늘이 수직으로 매달려 있다'는 의미이다.
날카로운 것이 아래를 향해 매달려 있는 형상이다. 잘못 떨어지면 바늘이 망가지거나 누군가 다친다. 위태로우니 신경이 날카롭다. 온 정신을 집중해야 한다. 여유가 없으니 타인에게 예민하게 반응한다.

한 가지 일에 몰두하여 파고드는 일을 정말 잘한다. 연구, 개발, 예술, 의학 분야에서 두각을 나타낸다. 손의 감각이나 손재주가 뛰어나므로 도수치료사, 간호사, 안마사, 패션 디자이너 등도 잘할 수 있다.

② 현침살의 간지(干支)

- 바늘처럼 뾰족하게 생긴 간지가 이에 해당한다.
- 갑(甲), 신(辛), 신(申), 묘(卯), 미(未), 오(午) 여섯 개이다.
- 자(子)는 끝이 약간 구부러져 있어서 제외한다.

필자의 부친은 오(午)가 두 개나 있어 현침살에 자형살(自刑煞)까지 작용하니 신경이 예민할 수밖에 없었던 셈이다.

좋은 양말끈

제17장
천을귀인(天乙貴人)은 부적이다

좋은 운을 부르는
사주 행법학

제1절 **천을귀인**
　① 천을귀인이란
　② 천을귀인은 부적이다

제2절 **천을귀인 찾기**
　① 천을귀인 천간과 지지
　② 천을귀인 길일에 활용

제1절
천을귀인(天乙貴人)

1 천을귀인이란

　천을귀인은 '하늘의 옥황상제가 보내준 귀한 사람'이라는 뜻이다. 천을귀인은 길흉(吉凶)을 예측하며 흉(凶), 형(刑), 살(煞) 등을 막아주는 귀한 신으로 길신(吉神) 중 최고의 길신이라고 한다. 천을귀인과 장생(長生)을 비교하면, 장생은 12운성(運星) 중 최고의 길신이지만 천을귀인은 장생을 뛰어넘는다.

　파리에서의 일이다. 알프스산에 가기 위해 TGV를 타야 하는데 시간 계산을 잘못해서 기차를 놓칠 것 같았다. 우리는 길거리에서 전철역을 향해 전력을 다해 뛰었다. 메트로 지하로 내려갔는데 사람들이 너무 많고 노선이 복잡해서 어디가 어딘지 분간이 되지 않았다.

그런데 어떤 금발의 파리지엔느가 우리에게 다가오더니 TGV를 탈 거냐고 했다. 그렇다고 했더니 따라오라고 했다. 우리는 홀린 것처럼 그녀를 따라 전철을 탔다. 그녀는 리옹 지하철역에서 TGV를 타는 플랫폼의 개찰구 앞까지 우리를 데려다주었다.

약 1~2분만 남은 상태에서 우리 아이는 그녀를 포옹하며 '메르시 보꾸 마드모아젤!'이라고 인사했다. 멀리서 우리가 탈 TGV 열차 앞의 승무원이 빨리 오라고 손짓했다. 우리는 무거운 트렁크를 이리저리 끌며 정신없이 뛰어 겨우 기차를 탈 수 있었다. 기차 문에서 밖을 내다보니 그때까지 그녀는 우리를 지켜보고 있었다. 우리는 먼 이국 땅에서 천을귀인을 만났던 것이다.

지금 생각해도 불가사의한 일이었고, 이 글을 통해서나마 그 천을귀인 파리지엔느에게 거듭 감사함을 전한다.

어렸을 때 바다에서 물에 빠진 적이 있다. 수영을 못해서 수심이 낮은 곳에서 놀았는데, 대륙붕 지대가 있는 곳까지 갔던 모양이다. 갑자기 바닥이 푹 꺼지며 빠져버린 것이다. 주변에 아무도 없던 터라 정말 죽는구나 생각했다. 어떤 청년이 나를 데리고 헤엄치는 것을 어렴풋이 의식했고, 눈을 떠보니 살아 있었다. 지금까지 그 청년이 누구인지 모른다.

천을귀인은 그렇게 갑자기 나타났다가 홀연히 사라지는 모양이다.

② 천을귀인은 부적이다

사주에 천을귀인이 있으면 흉이나 사고를 피할 수 있다.

예전에 '자연재해도 피해 가는 인간 부적 이승기 천을귀인 사주'라는 내용이 방송에 나왔다고 한다. 아마 이승기의 사주에 천을귀인이 있는 모양이다.

천을귀인은 조력자이며 인덕이다. 뜻하지 않게 벼락 부귀공명을 쌓을 가능성이 높다. 그것에 대비하여 꾸준히 실력을 연마하고 덕을 쌓으면 그것이 앞당겨지며 장구해질 것이다.

- 천을귀인이 연지(年支)에 있으면 조상덕, 나라 덕을 본다.
- 천을귀인이 월지(月支)에 있으면 부모, 형제, 직장 덕이 있다.
- 천을귀인이 일지(日支)에 있으면 재복, 남편복, 처복이 있다.
- 천을귀인이 시지(時支)에 있으면 자손 덕, 아랫사람 덕을 본다.
- 연한(年限)으로 보면 유년(~20), 청년(~40), 중년(~50), 장년(~60), 노년(60~)에 그런 행운이 발생한다.

제2절 천을귀인 찾기

1 천을귀인 천간(天干)과 지지(地支)

천을귀인은 일간(日干)을 기준으로 네 개의 지지(地支)를 본다.

__ 일간 **갑**(甲)·**경**(庚)·**무**(戊)의 천을귀인은 축(丑)·미(未)이다.
__ 일간 **을**(乙)·**기**(己)의 천을귀인은 **자**(子)·**신**(申)이다.
__ 일간 **병**(丙)·**정**(丁)의 천을귀인은 해(亥)·유(酉)이다.
__ 일간 **신**(辛)의 천을귀인은 **인**(寅)·**오**(午)이다.
__ 일간 **임**(壬)·**계**(癸)의 천을귀인은 묘(卯)·사(巳)이다.

② 천을귀인 길일에 활용

이 글을 쓰면서 앞서 언급했던, 바다에 빠졌던 그 해가 궁금해졌다. 찾아 보니 놀랍게도 필자의 천을귀인에 해당하는 해였다.

고장 난 시계도 하루에 두 번은 시간이 맞는다. 그렇게 사주에 천을귀인이 없어도 하루, 매달, 유년 또는 세운, 대운에서 반드시 만난다.

누가 길일(吉日)을 물어보면 **일간의 천을귀인에 해당하는 날**을 잡아주면 된다. 배우자도 천을귀인에 해당하는 띠가 좋다. 안심도 되고, 행운도 온다. 긍정의 믿음과 신념은 원하는 변화로 나아갈 것이다.

좋은 아들러 장아

제18장

상문조객살(喪門弔客煞), 길일(吉日), 액(厄)막이

좋은 날을 부르는 사주명리학

제1절 **상문조객살**
    ① 상문조객살이란
    ② 상문조객살 찾는 법
    ③ 상문조객살 삼합 관계

제2절 **상문조객살 길일과 액막이**
    ① 상문살, 조객살 중 어느 날이 좋은가
    ② 명조 내 상문살, 조객살의 좋은 위치
    ③ 조객살에 해당하는 날이 길일이다
    ④ 문상 전후 예방 및 액막이

제1절
상문조객살(喪門弔客煞)

1 상문조객살이란

얼마 전에 문상을 가야 할 일이 생겼다. 껌껌한 길을 따라 장례식장으로 올라가는데, 일행 중의 한 명이 내 주머니에 뭔가를 밀어 넣어 주었다.

'뭐죠?' 하며 꺼내 보았더니 뭔가를 넣고 묶은 비닐이었다. 직감적으로 상갓집에 오면서 내 것까지 준비해 주었다는 사실을 알 수 있었다. 이쪽 공부를 하는 사람이 도리어 받고 보니 고맙기도 하고 한편 웃음도 나왔다.

"뭐 넣었어요?"

"고춧가루하고 소금요. 문상 끝나고 나올 때 버리면 돼요."

미신이라는 것을 뻔히 알면서도 왠지 마음이 든든해졌다. 그리고는 집에 들어가기 전에 꼭 어딘가에 들렀다가 집에 들어가라는 것이다. 서울에서는 어디 갈 데가 없으니까 편의점에 들러서 음료수라도 사라고 한다. '사자(死者)'의 나쁜 기운을 집에까지 가지고 들어가지 말라는 뜻인가 보다. 문득 옛날에 우리 모친은 상갓집에 갔다오면 집 밖에 세워두고 굵은 소금을 뿌려주시던 생각이 난다.

상문살은 상복을 입게 되는 살이고, 조객살은 조문을 가게 되는 살이다. 매해의 세운(歲運)을 기준으로 하므로 내 사주에 상문살과 조객살이 있기도 하고 없기도 하다.

상문조객살은 부정적인 살로 해석되어 질병, 우환, 정신질환, 풍파, 사망, 파산 등을 입게 된다고 한다. 그래서 예방 및 액풀이를 위한 민간요법들이 다양하게 전해지고 있다.

② 상문조객살 찾는 법

매해 세운(歲運)의 지지(地支)에서 지지를 포함해서 앞으로 3칸 전진하면 상문살, 뒤로 3칸 후퇴하면 조객살이 된다.
전3진(前三進)과 후3퇴(後三退) 또는 미래 3진과 과거 3퇴이다.

_ 2021년 축(丑)의 해…앞뒤로 축(丑)을 포함해 3칸 간다.

먼저 앞으로 3칸이면 축(丑)·인(寅)·묘(卯)로 **묘(卯)**가 **상문살**,

뒤로 3칸이면 축(丑)·자(子)·해(亥)로 **해(亥)**가 **조객살**이다.

_ 2022년 인(寅)의 해…앞뒤로 인(寅)을 포함해 3칸 간다.

먼저 앞으로 3칸이면 인(寅)·묘(卯)·진(辰)으로 **진(辰)**이 **상문살**,

뒤로 3칸이면 인(寅)·축(丑)·자(子)로 **자(子)**가 **조객살**이다.

_ 2023년 묘(卯)의 해…앞뒤로 묘(卯)를 포함해 3칸 간다.

먼저 앞으로 3칸이면 묘(卯)·진(辰)·사(巳)로 **사(巳)**가 **상문살**,

뒤로 3칸이면 묘(卯)·인(寅)·축(丑)으로 **축(丑)**이 **조객살**이다.

_ 2024년 진(辰)의 해…앞뒤로 진(辰)을 포함해 3칸 간다.

먼저 앞으로 3칸이면 진(辰)·사(巳)·오(午)로 **오(午)**가 **상문살**,

뒤로 3칸이면 진(辰)·묘(卯)·인(寅)으로 **인(寅)**이 **조객살**이다.

_ 2025년 사(巳)의 해…앞뒤로 사(巳)를 포함해 3칸 간다.

먼저 앞으로 3칸이면 사(巳)·오(午)·미(未)로 **미(未)**가 **상문살**,

뒤로 3칸이면 사(巳)·진(辰)·묘(卯)로 **묘(卯)**가 **조객살**이다.

③ 상문조객살은 삼합(三合) 관계

- 2021년 축(丑)년의 상문살은 묘(卯), 조객살은 해(亥)이므로 **해(亥)-묘(卯)-미(未) 삼합**이 된다.

- 2022년 인(寅)년의 상문살은 진(辰), 조객살은 자(子)이므로 **신(申)-자(子)-진(辰) 삼합**이 된다.

- 2023년 묘(卯)년의 상문살은 사(巳), 조객살은 축(丑)이므로 **사(巳)-유(酉)-축(丑) 삼합**이 된다.

- 2024년 진(辰)년의 상문살은 오(午), 조객살은 인(寅)이므로 **인(寅)-오(午)-술(戌) 삼합**이 된다.

- 2025년 사(巳)년의 상문살은 미(未), 조객살은 묘(卯)이므로 **해(亥)-묘(卯)-미(未) 삼합**이 된다.

제2절
상문조객살 길일(吉日)과 액(厄)막이

1 상문살과 조객살 중 어느 날이 좋은가

― 매해 세운(歲運)이 죽은 사람, '사자(死者)'에 해당
― 상문살은 상복을 입은 상주(喪主)
― 조객살은 조문을 온 문상객(問喪客)

 길(吉)한 조합은 죽은 사람과 상주가 내 사주에 있고, 조객살이 대운이나 세운으로 오는 것이다. 상주 입장에서는 조문객이 많이 오면 부조도 많이 받고, 좋은 인연도 많이 생긴다.

② 명조 내 상문살과 조객살의 좋은 위치

　명조 안에서 연월지지(年月地支)에 상문살이 있고, 일시지지(日時地支)에 조객살이 둘 다 있으면 대길(大吉)이다. 예를 들어 2022년은 임인년이다. 명조의 연월에 진(辰)이 있고, 일시에 자(子)가 둘 다 있으면 대길이다.

　반대로 연월에 조객살, 일시에 상문살이 둘 다 있으면 흉이다. 2022년 임인년 일시에 진(辰)이 있고, 연월에 자(子)가 둘 다 있으면 흉이다.

　하나만 있으면 보통이다. 연월이 아니라 일시에만 상문살이 있어도 보통으로 본다.

③ 조객살에 해당하는 날이 길일(吉日)이다

조객살에 해당하는 지지를 보완하면 길운으로 바뀐다.
조객살에 해당되는 띠의 사람, 방향, 월일시를 잡아주면 된다.
길(吉)이 되는 띠의 사람, 방향, 월일시는 다음과 같다.

　2022년 조객살 ◐ 자(子)　　2023년 조객살 ◐ 축(丑)
　2024년 조객살 ◐ 인(寅)　　2025년 조객살 ◐ 묘(卯)

반대로 상문살에 해당하는 운을 잡아주면 본인이 대접받지 못하므로 좋지 않다.

흉(凶)이 되는 띠의 사람, 방향, 월일시는 다음과 같다.

2022년 상문살 ● 진(辰)   2023년 상문살 ● 사(巳)
2024년 상문살 ● 오(午)   2025년 상문살 ● 미(未)

*참고

자-북방, 묘-동방, 오-남방, 유-서방,

인축-동북방, 진사-동남방, 미신-서남방, 술해-서북방이다.

특급 비법으로 사주를 모르는 상황에서 길일을 잡아야 할 때는 무조건 상문조객살에 해당하는 삼합 지지를 특정해 준다. 살방(煞方)에 귀(貴)가 있다고 일단 사람이 모이는 날에 중요한 일이 발생하고 해결도 되기 때문이다.

2023년 계묘년에는 사(巳)-유(酉)-축(丑)을 특정해 주면 된다.

④ 문상 전후 예방 및 액막이

① **문상을 갈 때**…소금·후추가루·생강가루를 한지 봉투에 넣고, 붉은 주머니로 싸서 몸에 지니고 간다.

② **①번을 못했으면**…문상 후 돌아와서 소금으로 이를 문지르고, 3번 헹군 뒤 편히 가시라고 명복을 빈다.

③ **이미 살을 맞았으면**…박 바가지를 머리에 씌워 귀신은 나가라고 두드린 후 바가지는 깨어 부셔서 버린다.

제19장

삼재(三災) 계산법, 액(厄)막이

제1절 삼재
　　① 삼재란
　　② 삼재 찾기
　　③ 충으로 삼재 찾기
　　④ 묘고로 삼재 찾기

제2절 삼재 액막이
　　① 삼재 액막이하는 법
　　② 삼재의 의의

제1절 삼재(三災)

1 삼재란

　SBS 2022년 1월 9일, 16일 〈미운우리새끼〉라는 예능 프로그램에서 이상민과 탁재훈의 삼재 액땜 투어를 재미있게 보았다. 탁재훈이 어거지로 참기름을 한 수저 먹고 동굴에 가서는 기꺼이 찬물을 머리에 끼얹는 모습을 보고, 그 정성에 삼재가 다 달아났겠다는 생각이 들었다.

　사주 명리학에는 없지만 12지지(地支)를 활용하고 있으므로 어떤 이론인지, 어떤 의의가 있는지 정리해보고자 한다.

삼재는 삼 년 동안 세 가지 재난(災難)을 조심하라는 의미이다. 첫해를 **들 삼재**, 둘째 해를 **누울 삼재**, 셋째 해를 **날 삼재**라고 한다.

세 가지 재난은 시대적으로 다르다. 수재(水災)·화재(火災)·풍재(風災)에서 도병재(刀兵災, 戰亂)·질역재(疾疫災, 疫癘災, 疾病)·기근재(飢饉災)였다가 현재는 천재지변(天災地變)·이동지변(移動之變)·인재지변(人災之變)을 일컫는다.

② 삼재 찾기

─ 삼합과 방합(方合)의 조합을 이용한다.

─ 삼합의 띠는 **인·오·술, 사·유·축, 신·자·진, 해·묘·미**이다.

─ 삼재의 해는 방합으로 **인·묘·진, 사·오·미, 신·유·술, 해·자·축**이다.

─ 삼합의 띠는 삼재의 해와 **'충-파-동일 묘고'** 관계가 된다.

─ 삼합의 첫 번째 지지와 방합의 첫 번째 지지는 **'충'**으로 찾는 기준을 삼는다.

─ 또는 삼합의 마지막 묘고와 방합의 마지막 묘고는 **동일한 지지**로 기준을 삼는다.

삼합의 띠로 범주화한 것은 지장간의 오행에 공통점이 있기 때문이다. **인·오·술**에는 **화 오행**, **사·유·축**에는 **금 오행**, **신·자·진**에는 **수 오행**, **해·묘·미**에는 **목 오행**의 공통점이 있다.

③ 충(沖)으로 삼재 찾기

_삼합 인·오·술 띠의 첫 번째 지지는 '인'이다. '인'과 '신'이 충이다. 그러므로 신의 방합인 **신·유·술이 삼재 해**이다.

_삼합 사·유·축 띠의 첫번째 지지는 '사'이다. '사'와 '해'가 충이다. 그러므로 해의 방합인 **해·자·축이 삼재 해**이다.

_삼합 신·자·진 띠의 첫번째 지지는 '신'이다. '신'과 '인'이 충이다. 그러므로 인의 방합인 **인·묘·진이 삼재 해**이다.

_삼합 해·묘·미 띠의 첫번째 지지는 '해'이다. '해'와 '사'가 충이다. 그러므로 사의 방합인 **사·오·미가 삼재 해**이다.

④ 묘고(墓庫)로 삼재 찾기

_인·묘·진 삼재 해에 해당하는 띠는 동일한 묘고 진이 들어가는 삼합 띠이다. 즉, **신·자·진 띠**이다.

_사·오·미 삼재 해에 해당 하는 띠는 동일한 묘고 미가 들어가는 삼합 띠이다. 즉, **해·묘·미 띠**이다.

_신·유·술 삼재 해에 해당하는 띠는 동일한 묘고 술이 들어가는 삼합 띠이다. 즉, **인·오·술 띠**이다.

_해·자·축 삼재 해에 해당하는 띠는 동일한 묘고 축이 들어가는 삼합 띠이다. 즉, **사·유·축 띠**이다.

제2절
삼재 액(厄)막이

1 삼재 액막이하는 법

1. 절에 가서 삼재 기도를 올린다. 절에서 기도를 대신해준다.
2. 절에 가서 삼재 등을 단다. 석가탄신일에 가서 일 년에 한 번씩 등을 단다.
3. 《동국세시기》에 의하면 매 세 마리를 그려서 방문 틀 위에 붙인다.
4. 머리가 셋이고 몸뚱이가 하나인 매를 붉은 물감으로 그려 방문 틀 위에 붙인다.
5. 삼재가 든 사람의 옷을 세 갈림길에 나가서 태우고 빈다.
6. 삼재 부적을 몸에 지닌다.

② 삼재의 의의

12년 중에 3년 간 삼재이니, 12년에서 3년을 빼면 9년마다 삼재가 돌아온다. 삼재가 되면 왠지 숙연해진다. 앞으로 나아가기만 하다가 오던 길을 되돌아보게 된다. 건강도 조심하고, 하는 일도 점검하고, 주변도 돌아보게 된다.

삼재의 의의는 일을 벌이기보다는 내실을 기하라는 데 있다.

시장 안에 2,500원짜리인데 맛이며 양이며 가성비가 최고인 칼국수집이 있다. 항상 사람들이 바글바글하다. 그런데 인테리어를 한다고 상당 기간 문을 닫았다. 사실 너무 낡은 집이라 빗물이 새거나 화재의 위험에도 취약해 보이긴 했다. 시설도 바꾸고, 도배도 하고, 테이블마다 칸막이도 했다.

장사가 잘되고 있는데 굳이 돈 쓰고, 장사도 못하면서까지 인테리어를 해야 했나 의아할 수도 있을 것이다. 그러나 누군지 모르지만 그 가게 사장님은 잘 나갈 때 조심하고 점검하는 매우 지혜로운 사람일 것이다.

서당개도 3년은 해야 풍월을 읊는다. 장사를 하더라도 3년은 해야 투자금을 회수한다. 외국어 하나를 배우더라도 3년이면 중급, 수영을 배운다면 3년이면 선수급이 된다.

삼재 동안 신독하며, 무언가를 배우고 노력하는 기간으로 삼는다면 삼재 액막이도 되고, 삼재가 삼복으로 바뀌게 되니, 일석이조이다. 삼재를 만든 선조들의 지혜를 역으로 잘 활용하기 바란다.

제20장

공망(空亡)
_과잉의 시대 끝없는 갈망

좋은 음과 글의 형이상학 시즌 차

제1절 공망
　　① 공망이란
　　② 공망 잡는 법
　　③ 연습
제2절 공망의 다른 이름
　　① 갈망이라는 의미의 공망
　　② 과잉의 시대 공망의 교훈

제1절 공망(空亡)

1 공망이란

공망(空亡)의 한자는 **빌 공**과 **망할 망**의 조합이다. '망해서 비었다'는 뜻이다. 공망에 해당하는 십신 또는 육친의 복이 없고, 덕이 없다고 한다.

사주팔자에 공망이 있는 사람도 있고, 없는 사람도 있다. 그러나 대운이나 세운에서 공망에 해당하는 지지가 오므로 누구나 피할 수는 없다. 사주를 간명하다 보면 공망이 좋은 역할을 하기도 하고, 나쁜 역할을 하기도 한다.

이미 공망이 사주에 있으면, 적응이 되어 있다. 그러나 운에서 만나게 되면 상대적으로 상실감이 생기거나, 반대로 나쁜 역할을 하고 있었다면 골칫거리가 해결된다.

그런데 이 공망이란 것이 좀 이율배반적이다.
필자의 모친은 부친과 매사 상극이었다. 말년에는 부친의 간병으로 모친이 병이 날 지경으로 힘들어 하셨다. 남편복도 지지리 없다고 한탄하실만 했다. 그런데 막상 부친이 작고하시자 식사도 잘 못하고, 외로워하고, 삶에 무기력해지셨다. 병들었어도 남편의 그늘이 그렇게 든든한 줄 몰랐다고 하신다. 그런 양면성을 가진 것이 공망이다. 있으면 성가신데, 없으면 시원한 것이 아니라 빈 자리가 너무 크다.

통계청 자료에 의하면 2020년 1인 가구수가 전체가구의 31.7%이다. 10명 중 3명이 홀로 사는 사람이다. 사회복지제도가 잘 되어 있고, 1인 가구를 위한 맞춤형 상품과 제품들이 다양하게 출시되어 있어 생활에 불편이 없다 보니 점점 증가하는 추세이다.
1인 가구를 사주 명리학적으로 해석하면 '아신'만 있고 다른 육친, 즉 십신이 모두 공망인 것이다. 자신에게 배우자도, 부모도, 자식도, 형제도 없다. 재성 공망, 관성 공망, 인성 공망, 식상 공망이다. 1인 가구라면 기본적으로 배우자와 자식이 없을 테니 이미 2개 이상이 공망인 셈이다.

니트족, 캥거루족도 육친의 공망이 있을 가능성이 높다. 요즈음에는 자발적인 비혼주의, 딩크족, 졸혼 등이 트렌드라고 한다면 사주 명리학적 관점으로 봤을 때 '공망'이 트렌드인 시대가 온 것이다.

그런데 다 가졌는데 딸이 없다고 서운해 하는 사람이 있고, 무자식 상팔자라고 홀가분하게 혼자 살아서 좋다는 사람이 있다. 진짜 공망에 해당하는 사람은 어느 쪽일까.

② 공망 잡는 법

__연주 또는 일주를 기준으로 한다. 일주 기준이 더 유력하다.
__해당 간지부터 순행한다.
__천간 '계'가 끝나는 다음의 두 개의 지지가 공망이 된다.
__일주가 '을해'라고 할 때 순행하면, **을해-병자-정축-무인-기묘-경진-신사-임오-계미**이다.
__'계미'로 끝나므로 다음 지지는 **신(申)**과 **유(酉)**이며, 공망이 된다.

③ 연습

연습 ❶ 일주가 '갑자'라면 공망이 되는 지지는 무엇일까?
☞ 다음 도표와 같이 1:1 대응을 하면, 술과 해에 천간이 없으므로 공망이 된다.

천간	갑	을	병	정	무	기	경	신	임	계	공망	공망
지지	자	축	인	묘	진	사	오	미	신	유	술	해

연습 ❷ 일주가 '계묘'라면 공망이 되는 지지는 무엇일까?

　　정답 ☞ 진, 사

연습 ❸ 연주가 '병진'이라면 공망이 되는 지지는 무엇일까?

　　정답 ☞ 자, 축

제2절
공망의 다른 이름

1 갈망이라는 의미의 공망

실제로 식상이 공망인 사람 중에 교사가 많다. 재성이 공망인 사람 중에 부자가 많다. 그 이유가 무엇일까?

사람은 자기한테 부족한 것을 무의식적으로 추구하기 마련이다. 주변의 지인은 모든 옷 색깔이 화려하다. 무채색이나 파란색의 옷을 입은 적이 없다. 사주를 보았더니 모두 찬 기운 일색이었다. 자신도 모르게 따뜻한 색깔을 통해서 색깔 치료 및 한습한 사주를 보완하는 것이다.

그렇다면 공망이란 실제로 없는 육친일 수 있지만, 갈구하는 것일 수 있다. 없으면 갈구한다. 그런데 처음부터 없으면 그것이 무엇인지, 어디에 쓰는지 몰라 갈구할 수 없다. 이미 있는 것이었고, 써봤더니 좋았고, 없으니 아주 불편하더라는 것이다. 그렇다면 공망은 아예 없는 것이 아니라, 있는데 부족하다고 느끼는 그 무엇이다. 그래서 강렬하게 원한다.

사람마다 만족의 기준이 다르다. 한 달에 얼마를 벌었으면 좋겠냐고 물었을 때 갑돌이는 250만 원, 갑순이는 500만 원이면 충분하다고 한다. 그런데 갑경이는 한 달에 5억 원이라고 하며, 그것도 부족할 것 같다고 한다. 그렇다면 공망의 의미가 달라진다.

갑돌이와 갑순이는 그 돈이면 충분하니까 공망이 아니다. 그러나 갑경이는 5억도 부족할 것 같다고 하니, 재성이 공망인 것이다. 채워도 채워도 만족하지 않는 것이다. 재성이 공망인 사람 중에 부자가 많다는 것에 대한 설명이다. 벌어도 벌어도 욕망을 채우려면 한참 먼 것이다.

② 과잉의 시대 공망의 교훈

일본 NHK '쯔이떼 잇떼모 이이데쓰까(따라가도 좋습니까)'라는 프로를 재미있게 보았다. 길거리에서 만난 사람의 집 구경을 하고,

인생사를 듣는 것이다. 역겨울 정도의 쓰레기 집이거나 정리를 안 하고 물건들이 적재된 집들이 그대로 공개된다.

한국에서도 tvN에서 〈신박한 정리〉라는 프로가 있었다. 너무 많은 물건들을 나누고 버리고 정리하고 나면, 보는 사람도 카타르시스를 느낀다.

맥시멀 라이프의 삶에 얼마나 지쳤으면 미니멀 라이프의 삶을 추구하게 되었을까. 1,000원이면 가성비 좋은 물건을 구입할 수 있고, 인터넷으로 쉽게 집에서 온갖 쇼핑을 할 수 있으니 집안은 물건 과잉이다. 또한 단짠, 달다구리한 맛있는 음식들이 넘쳐나니 내 몸 속은 영양 과잉이다. KBS '생로병사의 비밀'에서 '음식은 이제 영양섭취가 아닌 오락'이라는 말에 공감이 간다. 엔트로피 증가의 법칙처럼 모든 것은 점점 심해져 간다.

옛날 절에서는 아침에 일찍 일어나 스님들이 마당에 물을 뿌리고 빗자루 자국이 가지런하게 나도록 마당을 쓴다. 청소를 하면서 마음을 정리하고 잡념을 비워낸다고 하여 '소제 수양'이라고 하였다. 우리가 가진 물건에는 추억과 기억이 서려 있다. 소중함도 아름다움도 유통 기한이 지나면 잡념이 된다. 미니멀리즘, 미니멀 라이프도 그런 맥락에서 '소제 수양'이 되는 것이다.

소비과잉, 정보 과잉, 탄수화물 과잉, 영양과잉, 자의식 과잉……

결핍의 시대였다가 과잉의 시대가 된 작금에 와서는 사주 명리학의 '공망'이 주는 지혜를 깨닫게 된다. 내가 진정으로 원하고 갈망하는 것이 무엇인지, 그것은 과연 채워질 수 있는 것인지, 그다음에는 무엇이 기다리고 있는지. 그렇다면 궁극적으로 가치가 있는 것은 무엇인지, 혹시 갈증이 난다고 끊임없이 바닷물을 들이켜고 있는 것은 아닌지…… '공망'과 관련해서 나의 삶도 반추해 볼 일이다.

제21장
개운하는 행운의 숫자
_하도(河圖)의 후천수(後天數)

좋은 음파 끝의 사주명학

제1절 사주의 보완
    ① 사주를 보완하려면
    ② 선천수와 후천수

제2절 하도의 후천수
    ① 하도의 후천수 설정법
    ② 좋은 사주란
    ③ 활용 방법
    ④ 활용 예시

제1절 사주의 보완

1 사주를 보완하려면

사주 명리학에서 사주팔자는 하늘이 정해준 운명이다. 태어난 날짜를 어떻게 바꿀 수가 없다. 그러나 비가 오는 것을 알면 우산을 준비하고, 엄동설한이 온다면 김장을 하고, 월동 준비를 할 수 있다. 사주 명리학에서, 지지에 장소-방위-시간을 설정했다는 것은 인간사를 도모하고 해결하기 위한 신의 한 수이다.

12지지는 **12달**이며, **4계절**이며, **24절기**이다.

4계절에서 **봄** ☞ 인-묘-진, **여름** ☞ 사-오-미, **가을** ☞ 신-유-술, **겨울** ☞ 해-자-축이다.

24절기는 각각 15일씩으로 배분했는데, 태양력이 기준이다. 농사 지을 때 일조량 등 태양의 위치가 중요하기 때문이다. 24절기 중에 밤이 제일 긴 동지도 양력 날짜인 12월 22일로 정해져 있다.

그렇다면 음력을 사용한 이유는 무엇일까.

달의 모양으로 날짜를 가늠하기 쉽고, 바다에서는 항해 방향과 조수간만의 차이를 알아야 했기 때문이다.

지금은 하루를 24시간으로 쓰지만, 옛날에는 12지지로 12시진으로 썼다. 1시진은 2시간이 된다. 퇴근 후 식당에 가면 대략 유시인 5시 ~ 7시이다. 웃고 떠들다 보면 7시가 금방 넘는다. 그러면 술꾼들은 기다렸다는 듯이 이제는 술시가 됐으니 술을 마셔야 한다며 분위기를 띄운다.

12지지마다 각각의 **방위**가 있다.

자☞ 북방   오☞ 남방   묘☞ 동방   유☞ 서방   축☞ 북동
인☞ 동북   진☞ 동남   사☞ 남동   미☞ 남서   신☞ 서남
술☞ 서북   해☞ 북서

주로 풍수지리학 이론과 사주 명리학 이론이 접목되어 활용된다. 상문조객살이 있으면 어느 방향은 길하고, 어느 방향은 흉하다는 이론이 여기에서 근거한다.

양력이든 음력이든 태어난 날짜, 즉 사주팔자는 정해져 있다. 이에 인간이 할 수 있는 한에서 단점을 보완하고, 장점은 강조할 필요가 생겼다. 그 방법으로 성명학(姓名學), 수리음양오행학(數理陰陽五行學), 풍수지리학(風水地理學) 등이 개발되고 연구된 것이다.

2 선천수(先天數)와 후천수(後天數)

사주를 보완하는 방법 중에 수리음양오행학, 즉 숫자에 관한 것을 알아보고자 한다.

하늘이 열리기 전의 숫자를 선천수라 하고, 하늘이 열린 다음의 숫자를 후천수라고 한다.

선천수는 하늘의 이치에 관한 숫자이므로 인간이 어찌할 수 없으므로 논외로 한다.

후천수는 땅의 이치, 즉 사람의 숫자가 된다. 후천수 중에서, 하도(河圖)의 수리음양오행이 우리가 쓸 숫자이다. 복희씨가 하수(황하강)에서 용마 등의 털을 보고 하도를 그렸고, 거기에서 천지의 수를 깨달았다고 하며, 이를 하도의 후천수라고 한다.

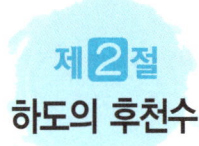

제2절 하도의 후천수

1 하도의 후천수 설정법

기본수는 1, 2, 3, 4, 5, 6, 7, 8, 9, 10으로 모두 열 개이다.

1부터 시작해서 10은 기본수 중에서 마지막이 되며, 꽉 찬 것을 의미하는 궁극의 숫자이다. 땅에서는 생명의 근원을 물이라고 보며, 수 오행에 숫자 1을 책정하여 최초의 숫자가 된다.

1 오행의 생성 발생 순서

수 - 화 - 목 - 금 - 토 순서이다.

오행이 생장 발전하는 순서 '목-화-토-금-수'와 다르다.

수	화	목	금	토	수	화	목	금	토
1	2	3	4	5	6	7	8	9	10

2 오행의 숫자와 외우는 법

　__**수**오행은 1과 6 (수는 만물의 으뜸 일걸유)

　__**화**오행은 2와 7 (화투질)

　__**목**오행은 3과 8 (목삼겹팔아)

　__**금**오행은 4와 9 (금을 사구)

　__**토**오행은 5와 10 (구토오 10번)

3 음양오행의 숫자와 외우는 법

　양은 홀수이고, 음은 짝수이다

　__양의 천간 숫자 ☞ 1-임... 3-갑... 5-무... 7-병... 9-경
　__음의 천간 숫자 ☞ 6-계... 8-을... 10-기... 2-정... 4-신

　__양의 지지 숫자 ☞ 1-자... 3-인... 5-진·술... 7-오... 9-신
　__음의 지지 숫자 ☞ 6-해... 8-묘... 10-축·미... 2-사... 4-유

② 좋은 사주란

어떤 사주팔자가 가장 좋을까?

왕이 되는 사주, 거부가 되는 사주, 대문호가 되는 사주, 유명인이 되는 사주, 노벨상을 받는 학자 사주 등 세상에는 성공하고 유명한 사람들이 많다. 그러나 사주를 공부한 사람들이 말하는 좋은 사주란 음양오행이 균형이 잡힌 평범한 사주이다.

세상에 평범하기가 쉬운가?

건강도 그만그만하고, 자식들 무난하게 크고, 집 한 칸 있고, 먹고 살만하고, 소박한 배우자 만나 사는 것이야 말로 지극히 평범해 보인다. 그러나 이 모든 것을 갖춘 사람은 흔치 않다. 한두 가지가 꼭 빠진다. 대통령이 되어도 감옥에 가고, 아무 걱정이 없을 것 같은 재벌 2세들이 마약을 하고, 다 갖추었다 싶으면 건강 문제가 생기고, 잉꼬부부 같아도 쇼윈도 부부였다든가, 가정은 화목한데 돈이 없다든가…… 알고 보면 정말 평범하게 사는 것, 평범한 사주는 거의 불가능한 이상에 가깝다.

③ 활용 방법

음양오행이 골고루 있는 평범한 사주가 좋은 사주라고 하는 이유는 단순하다. 오행이 치우친 사주는 대통령도, 재벌도 될 수 있지만 대운이나 세운이 바뀌면 갑자기 흉한 사주로 바뀐다. 중간 역할, 완충작용을 하는 오행이 없기 때문이다. 오행이 골고루 있으면 흉한 사주를 설기시키거나, 충하거나, 합하거나 해서 웬만한 어려움은 그럭저럭 넘어갈 수 있다.

자신의 사주에서 아주 조열(燥熱)하거나 한습(寒濕)한 경우는 운이나 건강이 요동칠 수 있다. 조열하면 찬 기운의 수오행이나 금오행으로 보완하고, 한습하면 목오행이나 화오행, 토오행으로 보완할 수 있다. 전통 명리학에서는 용신·희신·약신 등에 활용하고 있다.

④ 활용 예시

가장 쉬운 활용 방법으로 스마트폰의 번호이다. 그 외에도 메일 주소, 아이디, 비밀번호, 자동차 번호판, 사이트명, 블로그명 등에도 활용할 수 있다.

- **찬 기운이 필요한 조열한 오행**이라면 수오행의 숫자인 1과 6, 금오행의 숫자인 4와 9를 휴대폰 번호로 사용하면 된다.
- **따뜻한 기운이 필요한 한습한 오행**이라면 화오행의 숫자인 2와 7, 목오행의 숫자인 3과 8, 토오행의 숫자인 5와 10을 이용해서 번호

를 만들면 된다.

특히 이루고 싶은 십신이 있다면 해당하는 오행의 숫자를 사용하면 된다.

예를 들면 재성이 목오행이라면 3과 8을 넣는다. 재성이 장구하려면 목오행을 생하는 수오행 숫자인 1과 6을 같이 넣어주면 된다.

제22장

길운을 부르는 손(損) 없는 날 이사
_액막이 및 피흉취길(避凶取吉)

좋은 날을 고르는 사주 방법학

제1절 손 없는 날
  ① 손 없는 날이란

제2절 손 없는 날과 길방
  ① 2023년 양력으로 손 없는 날
  ② 손 있는 날 길한 이사 방향

제3절 이사 액막이
  ① 손 없는 날 이사
  ② 손 있는 날 이사 전
  ③ 손 있는 날 이사 후

제1절
손(損) 없는 날

봄이 되면 학생들 개학과 맞물려 이사철이 된다. 부동산에서 집을 계약하고, 잔금을 치르는 날짜가 곧 이사 날짜와 관련이 있다. 그래서 부동산에는 큰 달력이 하나씩 걸려 있고, 손 없는 날에 이사할 수 있도록 쌍방간의 조정을 해준다.

그런데 인간사라는 것이 뜻대로 되지 않는다. 나가는 집이나 들어가는 집이나 잔금 지불일이 맞아야 하고, 인테리어나 청소가 제때 끝나야 하고, 이삿짐 센터와도 맞아야 하고, 직장에 연차 허락도 받아야 한다. 그러다 보면 손 없는 날이 아니라 손 있는 날, 손 있는 방향을 택해서 이사를 하게 된다.

1 손 없는 날이란

손 없는 날은 귀신이 위해(危害)를 끼치지 않는 날이다. 더 정확히 말하면 귀신의 모임이 지상에서 없는 날이다. 귀신은 동·서·남·북의 4방위를 바꿔가면서 지상에서 정례 모임, 단합대회를 갖는다.

귀신의 모임이 있는 날, 모임 장소에 초대받지 않은 인간이 오면 불청객이 왔으니 당연히 저지 당한다. 그래도 인간이 기필코 진입하겠다면 위해를 끼칠 것이다. 인간의 입장에서는 손해를 보게 된다.

그러므로 손해를 보지 않는 날, 즉 '손 없는 날'을 택일하는 것이다. 신인조화(神人調化)의 사상이 엿보인다.

1 방위와 귀신들의 정례 모임

귀신들은 음력으로 다음의 숫자가 끝에 오는 날에 지상에서 영역을 확인하기 위해 모임을 갖는다.

　1과 2인 날에는 동방에서 모이고,
　3과 4의 날에는 남쪽에서 모이고,
　5와 6인 날에는 서방에서 모이고,
　7과 8의 날에는 북방에서 모인다.

동-남-서-북과 1·2 - 3·4 - 5·6 - 7·8의 일대 일 대응이다.

사주 명리학에서 지지의 순서, 방위의 순서, 계절의 순서, 시간의 순서와 동일하게 순행하니 암기하기도 이해하기도 쉽다.

2 손 없는 날

귀신은 네 방위에서, 끝 숫자 1~8일까지만 모이므로 귀신이 아예 내려오지 않는 날은 9일과 10일이니, 곧 인간의 날이다. 어디를 가든 귀신이 없으니 손이 없다. 방위에 구애받지 않고 이동할 수 있다.

그래서 손 없는 날은 음력으로 9, 19, 29, 10, 20, 30일이 되는 것이다. 큰 달력에는 대부분 '손 없는 날' 또는 '이삿날'이라고 표시가 되어 있다.

제2절
손(損) 없는 날과 길방(吉方)

1 2023년 양력으로 손 없는 날

*음력으로 끝 숫자 9, 10

1월 ☞ 1, 10, 11, 20, 21, 30, 31일
2월 ☞ 9, 10, 19, 28일
3월 ☞ 1, 10, 11, 20, 21, 30, 31일
4월 ☞ 9, 10, 19, 20, 28, 29일
5월 ☞ 8, 9, 18, 19, 28, 29일
6월 ☞ 7, 8, 17, 26, 27일

__7월 ☞ 6, 7, 16, 17, 26, 27일

__8월 ☞ 5, 6, 15, 24, 25일

__9월 ☞ 3, 4, 13, 14, 23, 24일

__10월 ☞ 3, 4, 13, 14, 23, 24일

__11월 ☞ 2, 3, 12, 21, 22일

__12월 ☞ 1, 2, 11, 12, 21, 22, 31일

② 손 있는 날 길한 이사 방향

*음력 날짜 끝의 숫자가 9와 10이 아닌 경우는
귀신이 모이는 날과 해당 장소를 피하면 된다.

방위는 항상 내 머리 뒤쪽이 북방이며, 좌측이 동쪽, 우측이 서쪽, 앞 쪽이 남쪽이 된다. 내가 있는 곳이 중앙이 되며, 숫자로는 9와 10이 된다. 내가 중앙이 되므로, 가만히 있으면 동티가 나지 않는다는 것이다.

__1과 2의 날에는 귀신이 동방에 모여 있으니 남·서·북 방향의 이사는 괜찮다.

__3과 4의 날에는 귀신이 남방에 모여 있으니 동·서·북 방향의 이사는 괜찮다.

5와 6의 날에는 귀신이 서방에 모여 있으니 동·남·북 방향의 이사는 괜찮다.

7과 8의 날에는 귀신이 북방에 모여 있으니 동·남·서 방향의 이사는 괜찮다.

제3절
이사 액막이

1 손 없는 날 이사

— 이사 갈 집에 미리 굵은 소금이나 팥을 집안 구석구석, 싱크대 속까지 뿌려 놓는다. 못된 귀신을 쫓아낸다.

— 이사 당일날 짐을 부릴 때는 쌀을 넣은 밥솥을 먼저 안방에 들인다. 곳간에 쌀이 가득한 부자가 된다.

— 이사하는 날에 촉촉하게 비가 내리거나 눈이라도 오면 금상첨화이다. 좋은 일, 길운이 차곡차곡 쌓인다고 한다.

② 손 있는 날 이사 전

피치 못해 손 있는 날 또는 손 있는 방향으로 이사를 하게 되었다. 그러면 이사하기 전에 미리 액막이(액땜)를 한다.

- 손 없는 날에 미리 밥솥이나 이불과 베개를 갖다 둔다.
- 세대주가 하룻밤 먼저 이사할 집에 묵는 방법도 있다. 터줏대감에 이사를 왔다고 전입 신고를 먼저 하고 귀신을 속이는 것이다.
- 현관문에 소뚜레를 걸어 둔다. 인터넷으로 주문하면 쉽게 구입 가능하다. 소뚜레가 걸려 있으면 귀신이 외양간인줄 알고 신경을 쓰지 않는다.

③ 손 있는 날 이사 후

- 이사 다음날부터 매일 아침 첫 수돗물을 받아 부엌 또는 싱크대의 동쪽 방향에 두고 합장한다.
- 동쪽 방향의 이유는 음양오행의 상생상극 이론에 의하면 물은 '수오행'으로 '목오행'을 생한다. 목오행의 방위는 동쪽이므로, 물의 위치는 동쪽에 지정한다. 해가 뜨는 방향이니 집안이 길하게 번성하라는 의미이다.

- 또한 집안을 평안하게 하고 정화시킨다고 하여 그 물을 정한수라고 한다.

- 기한은 정해져 있지 않으나, 정한수를 떠놓은 날짜가 다시 한번 돌아오는 전 날까지가 적합하다.

- 10일 간이 적당하다.

  손 있는 날 1일에 동방으로 이사를 했다고 가정한다.

  2일 아침에 정한수를 떠놓고 동방 귀신들에게 기도한다.

  3일과 4일에 남방 귀신들에게 기도한다.

  5일과 6일에 서방귀신들에게 기도한다.

  7일과 8일에 북방 귀신들에게 기도한다.

  9일과 10일에 우리집 터줏대감에 기도한다.

  11일에 다시 동방 귀신에게 기도하면, 5방위 귀신들에게 이틀씩 총 10일 간 기도를 하면 된다.

미신이라도 좋고, 속설이라도 좋다. 지성이면 감천이고, 생각하고 기도하는 것, 염원하는 것은 모두 현실이 된다.

좋은 아들 나쁜 아들

장미영

제23장
손으로 출생 시간 시주(時柱) 세우기

좋은 운을 부르는 사주명리학

제1절 시주 세우기 기본
  1 시주 세우기 필수 요소
  2 시주 세우기 순서

제2절 손으로 시주 찾는 법
  1 손가락 마디 짚기 요령
  2 시주 세우기 연습 문제

제1절
시주 세우기 기본

사주 상담을 할 때 내담자에게 '몇 시에 태어났느냐'고 물으면 '아침 6시'라고 말하는 사람이 있는가 하면, '묘시'라고 말하는 경우도 있다. 그럴 때 손가락으로 짚어보고는 '아~ 정묘시네요!' 이렇게 천간까지 말할 수 있어야 자신감이 생기고, 신뢰감도 생긴다.

처음에 사주 공부를 할 때 시주 세우는 것은 기본으로 배운다. 그러나 요즈음 사주 앱이 아주 잘 되어 있어서 굳이 수작업을 할 필요가 없다. 그런데 자주 겪는 일 중에 내담자가 출생 시간을 뒤늦게 알려주는 경우가 있다. 그때가 통화 중이라면 앱을 돌리는 것을 동시에 할 수가 없다. 잠깐 기다리라고 할 수도 없다. 그때 재빨리 손가락으로 천간과 지지를 잡아내 주어야 도사로서의 면모를 갖추는 것이다.

　사주는 잘 보는데 간단한 시주를 못 세우는 경우가 꽤 있다. 시주뿐만 아니라 12운성, 12신살 등도 손가락으로 짚어서 바로 나오도록 해야 한다. 돌발상황이 닥칠 때 사주 앱에 들어가서 일일이 찾는 것보다 훨씬 빠르고 편리하다.

　자전거를 탈 줄 아는 사람은 몸에 그 기능이 저장되어 있다. 왼쪽 엄지손가락으로 손마디를 하나 하나씩 짚는다는 것은 지지에 의미 또는 암호를 새기는 것이다. 그것이 계속 쌓이면 마치 앵커링이 된 듯, 해당 지지의 손마디를 짚기만 해도 모든 정보가 술술 쏟아져 나오는 것을 느낄 수 있다.

1 시주 세우기 필수 요소

　시주의 천간 지지를 세울 때 필요한 것은 **일간**, **천간 5합**, **오행의 상극**, **시간의 지지 환산**, 10천간과 12지지이다.

　천간 5합
　갑기합토, 을경합금, 병신합수, 정임합목, 무계합화
　오행의 상생상극
　목극토, 토극수, 수극화, 화극금, 금극목
　시간의 지지 환산
　자시(밤 11:00~1:00)　　　축시(새벽 1:00~3:00)

인시(3:00~5:00)　　　　묘시(아침 5:00~7:00)

　　진시(오전 7:00~9:00)　　사시(9:00~11:00)

　　오시(낮 11:00~1:00)　　미시(오후 1:00~3:00)

　　신시(3:00~5:00)　　　　유시(저녁 5:00~7:00)

　　술시(7:00~9:00)　　　　해시(9:00~11:00)

__10천간의 순서

　　갑-을-병-정-무-기-경-신-임-계

__12지지의 순서

　　자-축-인-묘-진-사-오-미-신-유-술-해

② 시주 세우기 순서

① 일간과 합이 되는 천간을 찾는다.

② 일간과 합이 될 때 어떤 오행이 되는지 찾는다.

③ 해당 오행을 극하는 오행에 해당하는 양의 천간을 찾는다.

④ 양의 천간과 지지는 무조건 '자시'와 배합한다.

⑤ 출생 시간을 지지로 환산한다.

⑥ ③ 양의 천간부터 순서대로 나열한다.

⑦ ④ '자'부터 지지를 순서대로 나열하여 출생 지지까지 간다.

⑧ ⑥과 ⑦이 만나는 간지가 시주가 된다.

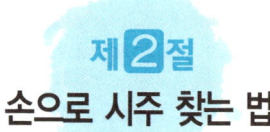
손으로 시주 찾는 법

① **손가락 마디 짚기 요령**

만약 출생 시간이 '인시'이고, 시작이 '경자'라고 하자.

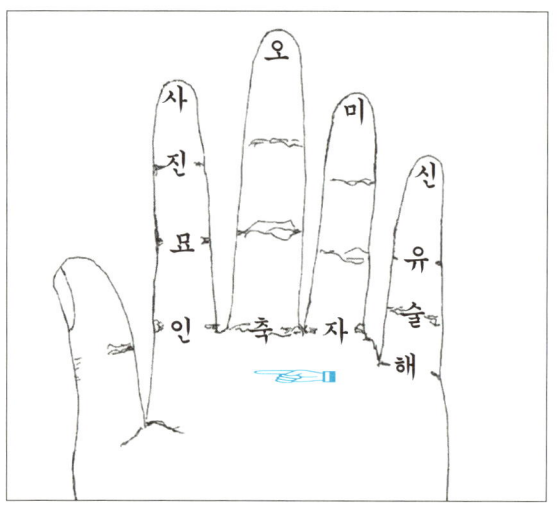

_ 엄지손가락으로 지지 '자'에 해당하는 손마디부터 축 방향으로 순행하며 짚어나간다. 물론 천간 '경'도 함께 붙여가며 세는 것이 핵심이다.

_ 경자 – 신축 – 임인…… 출생 시간인 '인'에 해당하는 손마디에서 멈춘다. 천간이 '임'이 된다.

– 최종적으로 **'임인'**이 출생 시주가 되는 것이다.

② 시주 세우기 연습 문제

문제 ❶ 일주가 무오이고, 출생 시간이 오후 2시이다.
　　　　 시주를 찾으시오.

☞ 일간 무토와의 합은 계수이며, '무계합화'로 화오행이 된다.
　 화오행을 극하는 오행은 수오행이다.
　 수오행의 양간은 임수이다.
　 임수와 자수의 배합, 임자부터 시작한다.
　 오후 2시는 미시이다.
　 임자 – 계축 – 갑인 – 을묘 – 병진 – 정사 – 무오 – **기미**…… 그러므로 **기미**가 시주가 된다.

문제 ❷ 일주가 임자이고, 출생 시간이 밤 7시 40분이다.
　　　　 시주를 찾으시오.

☞ 일간 임수와의 합은 정화이며, '정임합목'으로 목오행이 된다.

목오행을 극하는 오행은 금오행이다.

금오행의 양간은 경금이다.

경금과 자수의 배합, 경자부터 시작한다.

밤 7시 40분은 술시이다.

경자-신축-임인-계묘-갑진-을사-병오-정미-무신-기유-**경술**…… 그러므로 **경술**이 시주가 된다.

문제 ❸ 일주가 병오이고, 출생 시간이 아침 8시이다.

　　　시주를 찾으시오.

☞ 일간 병화와의 합은 신금이며, '병신합수'로 수오행이 된다.

수오행을 극하는 오행은 토오행이다.

토오행의 양간은 무토이다.

무토와 자수의 배합, 무자부터 시작한다.

아침 8시는 진시이다.

무자-기축-경인-신묘-**임진**…… 그러므로 **임진**이 시주가 된다.

제24장

출생연도 연주(年柱) 세우기

제1절 연주 기준
　　① 연주 세우기 기준 간지
　　② 기준 간지의 숫자 및 근거
제2절 간지 규칙성
　　① 동일한 띠 규칙성
　　② 연주 세우기 연습 문제

제 1 절
연주(年柱) 기준

1 연주 세우기 기준 간지

유명한 띠 중에 58년 개띠가 있다. 연주가 무술생이라는 사실은 관련자와 사주를 좀 본 사람들은 안다. 대개 노출 빈도가 많아서 유명해서 자연히 알게 된 경우이다.

그러나 사주 도사가 되려면 출생연도가 나오면 만세력이나 사주 앱 없이 계산할 수 있어야 한다.

출생연도가 있으면 **천간**은 10개이니 10**으로 나누어 남는 수**,
지지는 12개이니 12**로 나누어 남는 수**를 이용하여 **간지를 정한다**.

② 기준 간지의 숫자 및 근거

천간 **신**(辛)과 지지 **유**(酉)를 숫자 '1'로 책정하고 순차적으로 대입하여 계산하면 연주를 쉽게 찾을 수 있다.

천간 **신**(辛)과 지지 **유**(酉)를 숫자 1로 책정한 근거는 다음과 같다.

〈근거 ❶〉 60갑자가 시작되는 간지인 갑자로 예를 들어보겠다.
　　　　　만세력을 보니 1864년생이 갑자생이다.

1 천간 계산 __ 1864 ÷ 10 = 186...... 나머지... 4
2 지지 계산 __ 1864 ÷ 12 = 155...... 나머지... 4
3 갑자생의 천간이 '갑' 이므로 갑의 번호를 4로 정한다.
4 갑자생의 지지가 '자' 이므로 자의 번호를 4로 정한다.
5 3에서 '갑'이 4가 **되려면** 바로 직전의 계 ☞ 3, 임 ☞ 2, 신 ☞ 1, 경 ☞ 0이다. 그러므로 **신**(辛)의 숫자는 1이다.
6 4에서 '자'가 4가 **되려면** 바로 직전의 해 ☞ 3, 술 ☞ 2, 유 ☞ 1, 신 ☞ 0이다. 그러므로 **유**(酉)의 숫자는 0이다.

〈근거 ❷〉 경신년 중 1920년생의 예를 들어보겠다.

1 천간 계산 __ 1920 ÷ 10 = 192...... 나머지... 0
2 지지 계산 __ 1920 ÷ 12 = 160...... 나머지... 0

3 경신년의 천간이 '경'이므로 경의 번호를 0으로 정한다.

4 경신년의 지지가 '신'이므로 신의 번호를 0으로 정한다.

5 3과 4에 의하면 **경**과 **신**의 숫자는 모두 0이다.

6 그러므로 **신유**의 숫자는 각각 1이다.

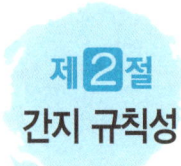
제2절 간지 규칙성

1 동일한 띠 규칙성

1 양간...1924년 갑자생, 1936년 병자생, 1948년 무자생,
　　　　1960년 경자생, 1972년 임자생, 1984년 갑자생

2 음간...1951년 신묘생, 1963년 계묘생, 1975년 을묘생,
　　　　1987년 정묘생, 1999년 기묘생, 2011년 신묘생

3 띠 동갑들끼리는 12년 터울이다.

4 60년마다 동일한 간지가 온다.

　　1924·1984년 모두 갑자생이고, 1951·2011년 모두 신묘생이다.

5 양간끼리 오행의 상생하는 순서대로 간다.

　　1의 양간의 경우 갑목-병화-무토-경금-임수-갑목이다.
　　지지는 동일하다.

ⓖ 음간끼리 오행의 상생하는 순서대로 간다.

②의 음간의 경우 신금-계수-을목-정화-기토-신금이다.
지지는 동일하다.

*참고

_ 58년생 무술   59년생 기해   60년생 경자   61년생 신축
  62년생 임인   63년생 계묘   64년생 갑진   65년생 을사
  66년생 병오   67년생 정미   68년생 무신

_ 출생연도 끝자리와 천간
  ~8 무   ~9 기   ~0 경   ~1 신   ~2 임
  ~3 계   ~4 갑   ~5 을   ~6 병   ~7 정

_ 암기 비법
무팔(~8 무) 팔이 없어서, 기구(~9 기)하다. 경영(~0 경)을 해서 일신(~1 신)이 바뀌었다. 이임(~2 임)할 때 삼계탕(~3 계)을 먹고, 갑사(~4 갑) 댕기를 하고, 고을(~5 을)에 가서 생수 6병(~6 병)을 마셨다. 또한 몸에 좋은 약을 매일 7정(~7 정)씩 복용한다.

② 연주 세우기 연습 문제

연습 ❶ 1958년생의 연주를 세우시오.

1 천간 계산 __ 1958 ÷ 10 = 195…… 나머지… 8
2 지지 계산 __ 1958 ÷ 12 = 163…… 나머지… 2
3 천간은 '신'부터 1이다. 신 ☞ 1, 임 ☞ 2, 계 ☞ 3, 갑 ☞ 4, 을 ☞ 5, 병 ☞ 6, 정 ☞ 7, 무 ☞ 8…… 천간은 '**무**'이다.
4 지지는 '유'부터 1이다. 유 ☞ 1, 술 ☞ 2…… 지지는 '**술**'이다.
5 3과 4에 의하면 천간은 '**무**'이고 지지는 '**술**'이다.
6 그러므로 1958년생은 **무술생**이다.

연습 ❷ 2022년생의 연주를 세우시오.

1 천간 계산 __ 2022 ÷ 10 = 202…… 나머지… 2
2 지지 계산 __ 2022 ÷ 12 = 168…… 나머지… 6
3 천간은 '신'부터 1이다. 신 ☞ 1, 임 ☞ 2 …… 천간은 '**임**'이다.
4 지지는 '유'부터 1이다. 유 ☞ 1, 술 ☞ 2, 해 ☞ 3, 자 ☞ 4, 축 ☞ 5, 인 ☞ 6 …… 지지는 '**인**'이다
5 3과 4에 의하면 천간은 '**임**'이고 지지는 '**인**'이다
6 그러므로 2022년생은 **임인생**이다.

연습 ❸ 2022년 임인년생들의 띠 동갑들의 연주를 쓰시오.

2010년 ___**1**___ 년 – 2022년 임인년 – 2034년 ___**2**___ 년

　　　　　　　　　정답 ☞ **1** 경인년 **2** 갑인년

연습 ❹ MZ세대의 시작인 1980년 경신년생들의 띠 동갑들의 연주를 쓰시오.

1968년 ___**1**___ 년 – 1980년 경신년 – 1992년 ___**2**___ 년

　　　　　　　　　정답 ☞ **1** 무신년 **2** 임신년

중용· 맹자론

제25장

외국인 사주 간명(看命)
_시차 계산 해야 할까

좋은 안 좋은 사주 명리학

제1절 외국인 간명
    ① 한국 기준으로 환산해서 간명하는 방법
    ② 출생국 기준 그대로 간명하는 방법

제2절 환산 없이 간명해야 하는 근거
    ① 환산 없이 간명해야 하는 근거
    ② 생년월일의 고유성

제1절 외국인 간명

　교육부와 한국직업능력연구원의 발표에 따르면 2020~21년 초등학생들의 선호 직업 1위가 운동선수라고 한다. 요즈음 2022 호주 테니스오픈 시즌이다. 우승 상금만 해도 한화로 38억이다. 우승자는 부와 명예를 한꺼번에 거머쥘 수 있다.

　테니스 선수들의 사주가 궁금해진다. 현재 테니스 단식으로 세계 랭킹 1위는 세르비아의 조코비치이다. 코로나19 백신을 맞지 않은 채 호주에 입국했다가 비자도 취소되고 추방령까지 당했다. 사주가 어떻길래 운동을 그렇게 잘하는지, 무슨 운이 작용했길래 대회 출전은 고사하고 3년간 추방령까지 당했을까.

순수하게 사주 명리학의 역사는 기원전 400년 무렵 춘추전국시대부터이다. 노자와 교분이 있던 '귀곡자'의 일주 정립을 사주 명리학의 시초로 본다면 그 역사는 거의 2,500년이다. 긴 역사에 비해 운동선수들 관련 사주 데이터는 많지 않다. 야구나 축구 등의 운동선수가 직업으로 각광받기 시작한 것은 1980년대 스포츠가 프로화되면서부터이기 때문이다.

프로 스포츠의 역사는 짧고, 제대로 된 연구나 임상이 없다 보니 각자 공부하고 연구를 해야 한다. 다행히 인터넷을 찾아 보면 운동선수들의 생년월일과 출생 시간이 나와 있다. 그런데 문제는 세계 랭킹 선수들이 대부분 외국인이라는 것이다. 다양한 국적을 가지고 있으니, 한국과 날짜와 시간에 차이가 있다. 이것을 어떻게 해결해야 할까?

두 가지 방법이 있다.
첫 번째는 영국의 그리니치 천문대를 지나가는 본초자오선을 0으로 하여, 출생 연월일시를 한국의 시간으로 환산해서 간명하는 것이다. 두 번째는 시간의 환산 과정과 국적에 관계없이 그대로 간명하는 것이다.

1 한국 기준으로 환산해서 간명하는 방법

서울의 갑돌이는 2022년 1월 26일 오전 12시 30분에 태어났다. 같은 시간에 파리에서 알랭이 태어났다.

그러면 **알랭의 사주를 볼 때** 2022년 1월 26일 오전 12시 30분 ☞ 한국 시간으로 환산 ☞ 2022년 1월 25일 오후 4시 30분으로 보는 것이다.

경도는 15도가 1시간이다. 한국은 경도는 동경 350도이다. 15도로 나누면 9시간이 되므로 런던보다 9시간이 빠르다. 서경이라면 9시간 느리다.

이런 식으로 연습을 하면 미국, 프랑스, 중국 등 어디든 한국 일시로 환산이 가능하다. 복잡하면 시차를 계산해 주는 앱을 활용하면 생각보다 간단하다.

2 출생국 기준 그대로 간명하는 방법

알랭에게 생년월일시를 물어보았더니, 파리 기준으로 2022년 1월 25일 오후 4시 30분이라고 한다. 가감 없이 불러준 그대로 만세력을 통해 사주팔자를 세우고 간명한다.

제2절
환산 없이 간명해야 하는 근거

1 환산 없이 간명해야 하는 근거

사주 명리학 문헌에는 외국인에 대한 체계적인 언급이 없다. 오로지 임상을 통해서 환산의 여부를 본인이 결정할 일이다. 필자의 개인적인 견해는 환산 없이 간명하는 것이 옳다는 입장이다.

첫 번째로, 사람의 성명에는 대부분 의미가 있다.
예를 들면 물리학자 '아인쉬타인'의 이름은 독일어인데, 우리말로 해석하면 '한 개의 돌'이다. 한자로 하면 '일석'이다. 같은 뜻이라도 우리는 아인쉬타인을 '일석'이라고 변경해서 부르지 않는다.

두 번째로, 알랭이 한국에서 생일을 맞이한 경우이다.

알랭의 생일이 1월 25일이라고 하니, 한국의 친지들은 한국 달력에 맞추어 1월 25일에 알랭의 생일 파티를 해준다. 한국 시차를 반영해서 1월 26일에 하지 않는다.

세 번째로, 사주 명리학은 통계학이므로 생존자 편향의 오류, 확증 편향의 오류를 범할 수밖에 없다.

사주 명리학의 시조인 귀곡자는 원래 병법의 대가이다. 사주 명리학은 살아남은 자, 생존자를 통해 공통점을 정립하면서 발전한 학문이다. 환산 없이 국가적 특성이나 환경을 공부하고 관련지어 사주를 간명하면서 데이터를 축적하면 될 일이다.

네 번째로, 사주 명리학의 우주관은 과학이 아니다.

12지지에서 '인(寅)'은 호랑이지만 실제 동물은 '호(虎)'를 쓴다. 상징과 은유가 담겨 있다. 언어의 음과 훈, 모양에 모두 함유되어 있다. 물상론, 인자론, 상법 등에서 글자가 단순히 글자가 아닌 신명의 세계가 담겨 있음을 알게 된다.

② **생년월일의 고유성**

그러므로 생년월일시의 숫자, 이름, 뜻, 글자, 모양 등에는 고유의 암호가 있는 부호인 것이다. 단순히 국경을 넘었으니 시차를 계산해서 될 문제가 아니다. 그렇게 간단하지 않다. 사주 명리학은 과학이 아니기 때문이다.

남반구와 북반구, 국가마다 계절이 다르니 조후를 어떻게 설명할 것인가에 대한 논의도 마찬가지이다. 조후가 정말 계절일까? 사실 계절로 보지 않는다면 더 많은 것을 통찰할 수 있다. 2,500년이나 건재하면서 명맥을 이어온 걸 보면 사주 명리학이라는 신명의 세계에는 우리가 모르는 것들이 반영되고 함유되어 있는 것이다.

자구(字句)에 매달리면 우리가 할 수 있는 일들이 점점 협소해진다. 우주는 계속 팽창하고 있고, 우리도 나날이 세계화되어 가고 있다. 과거에는 상상조차 할 수 없는 시대가 도래하였다. 세계관을 확장하고, 창조적으로 사고하고, 개방적으로 간명할 수 있는 자질이 그 어느 시대보다 절실하게 필요한 것이 아닌가 생각한다.

> ◐ 사주, 즉 생년월일은 하나의 고유명사이다. 하늘에서 부여받은 고유의 숫자이다.

제26장
풍수지리(風水地理)로 보는 왼손잡이

좋은 얼굴을 부르는 사주 명리학

제1절 왼손잡이와 좌우뇌 이론
제2절 풍수지리
 ① 풍수지리 기본 지식
 ② 불일치하는 동물
제3절 풍수지리가 비선호하는 왼손잡이
 ① 청룡은 움직이면 안 된다
 ② 생활 속 풍수지리 흔적
 ③ 두뇌가 선호하는 왼손잡이

제1절
왼손잡이와 좌우뇌 이론

필자의 집에는 왼손잡이가 있다. 같이 식탁에 앉으면 오른손잡이와 왼손잡이 식구가 서로 부딪힌다. 그래서 왼손잡이 식구의 자리는 맨 왼쪽 끝자리에 배정하곤 한다.

왼손잡이를 고쳐주려고 부모님이 무던히 애를 썼지만 그때뿐이고, 어느새 왼손을 쓰고 있다. 밥 먹는 손은 끝내 고치지 못하고 왼손을 사용하지만, 글씨 쓰는 것만큼은 오른손으로 바꾸어 놓았다. 자의 반 타의 반으로 지금은 양손잡이가 되어 한 손에는 젓가락, 또 다른 손에는 숟가락을 들고 식사를 하는 등 나름 편리하게 생활하고 있다.

좌우뇌 이론에 의하면 좌뇌는 논리적, 수학적, 구체적, 계산적, 언어적 영역을 담당한다. 우뇌는 시각적, 공간적, 통합적, 충동적, 직관적, 비언어적 영역을 담당한다. 물론 두 영역을 칼로 자르듯이 나눌 수는 없지만 관여하는 비율 정도로 구분한 것이다.

노벨상을 받은 인지신경과학자인 로저 스페리에 의하면 우뇌는 좌뇌보다 문자 기억 용량이 100만 배에 달한다고 한다. 그렇다면 좌우뇌를 다 쓰면 인간의 잠재능력은 무한대에 가깝다는 것이다.

운동선수 중에는 왼손잡이가 많다. 테니스에서 최정상급에 있는 나달은 원래 오른손잡이인데, 페더러를 이기기 위해 왼손잡이로 바꾸었다고 한다. 왼손으로 스트로크를 치면 상대가 리시브하기 어려운 좌측으로 공을 보낼 수 있기 때문이다. 이는 수비형에서 공격형이 되는 것을 의미하며, 또한 포인트를 딸 확률이 훨씬 높아진다는 것을 의미한다.

영어에서도 오른쪽은 'right' 이다. 세상은 오른손잡이가 편하게 생활하도록 되어 있다. 커피를 마실 때 커피 잔 안에 그림이 있는 경우가 있다. 잘 살펴보면 오른손잡이가 마실 때만 보이는 위치에 있다. 동서양 모두 오른쪽이 'right' 과 '옳다' 이며 옳은 손잡이, 즉 오른손잡이가 일반적이라는 점이 신기하다.

그런데 한국의 경우는 왜 오른손잡이를 선호할까?

'좌청룡 우백호'라는 말을 들어본 적이 있을 것이다. 이 풍수지리 이론을 통해 전통적으로 오른손잡이를 선호하고, 왼손잡이를 저어한 이유를 설명해 보고자 한다.

제2절 풍수지리

① 풍수지리 기본 지식

__북쪽은 현무...

내 머리 뒷쪽이며 나를 보호하는 배경이 된다. 내 뒤의 큰 산이 살벌한 북풍을 막아준다.

__동쪽은 청룡...

나의 왼쪽 팔이며 손이다. 이 청룡은 움직이면 안 된다. 명예이며, 권력이며, 문관의 자리이다. 왕의 입장에서 보면 좌의정이다.

__서쪽은 백호...

나의 오른쪽 팔이며 손이다. 이 백호는 움직여야 한다. 돈을 벌고, 전쟁터에 나가며, 무관의 자리이다. 왕의 자리에서 보면 우의정이다.

__양택 · 음택...

나의 양쪽 팔로 감싼 가슴 부분이다. 명당이라고 하며 집을 짓고, 묘지터로 삼는다.

__남쪽은 주작...

내 앞, 내 집 앞의 마당이다. 땅과 조상의 기운이 모이는 곳이다. 그 앞에 물이나 도로가 있으면 좋다.

② 불일치하는 동물

풍수지리에서는 좌청룡 우백호로 좌측이 청룡, 우측이 백호이다.

12지지에서는 좌측, 즉 동쪽이 인과 묘로 호랑이와 토끼이다. 우측, 즉 서쪽에는 신과 유로 원숭이와 닭이다.

풍수지리와 사주 명리학에서의 동물이 서로 일치하지 않는다.

그 이유는 무엇일까?

풍수지리에서는 12지지를 차용하지 않고, 음양오행을 차용하기 때문이다. 단, 풍수지리 또는 과거 일상생활에서 방위를 보기 위해 사용하는 패철 또는 윤도에서는 세분화된 방위를 표현하기 위해 팔괘, 음양오행, 12지지 등이 두루두루 모두 차용된다.

제3절
풍수지리가 비선호하는 왼손잡이

1 청룡은 움직이면 안 된다

예전에는 남아선호사상, 장자 계승 원칙에 의하여 남자는 가문을 지키고 왕위를 이으니 청룡이며, 여자는 출가시켜 다른 가문으로 보내니 백호가 된다. 가부장적인 사람들 중에 여자가 큰 소리를 치면 백호가 날뛰는 것이고 흉한 일이 생긴다고 치부하며 여자를 통제하는 근거로 사용하기도 한다.

이런 풍수지리 사상에 근거하여 청룡은 움직이면 안 되니 점잖게 있어야 한다. 사용하면 안 된다. 오른손은 백호이며 움직여도 되니, 오른손잡이는 옳은 것이다. 왼쪽은 청룡이니, 왼손잡이는 청룡을 움직이는 것과 같으니 안 된다는 것이다.

② 생활 속 풍수지리 흔적

__남좌우여(男左女右) 또는 좌남우녀...

결혼식 때 주례사 입장에서 신랑은 좌측, 신부는 우측이다. 공중화장실도 왼쪽이 남자화장실, 우측이 여자화장실이다. 세배할 때도 어른 입장에서 자손들은 왼쪽에 남자, 우측에 여자가 선다. 남동여서, 서동부서(壻東婦西)와 동일하다.

__남동여서(男東女西)...

머리 뒤를 북쪽으로 할 때 남자는 동쪽, 여자는 서쪽이다. 주례사 입장에서 보는 남좌여우 또는 좌남우녀와 동일하다.

__남청여홍(男靑女紅)...

남자는 청색, 여자는 홍색이다. 신랑 측 양초는 파란색, 신부 측 양초는 홍색이다.

__남양여음(男陽女陰)...

남자는 양으로 해가 뜨고, 여자는 음이며 해가 진다. 왼손은 양이며 오른손은 음이다.

③ 두뇌가 선호하는 왼손잡이

좌뇌는 우측 신경계와 연결되어 있고, 우뇌는 좌측 신경계와 연결이 되어 있다. 뇌와 운동 신경계는 서로 반대이다. 좌뇌는 오른손과 연결되어 있고, 우뇌는 왼손과 연결되어 있다.

그렇다면 왼손을 사용하면 우뇌가 활성화되고, 오른손을 사용하면 좌뇌의 활성화에 도움이 된다. 특히 치매 예방 및 뇌의 가소성을 위해서 양손을 모두 사용하는 습관을 들이는 게 한 손을 쓰는 것보다 훨씬 좋다고 한다. 풍수지리의 이론과 반대이다.

좋은발견

제27장
차례상·제사상 관련 사자성어

제1절 제사상의 음양오행

1. 오행의 색, 방위, 4방위신
2. 제사상 관련 사자성어 정리
3. 제사 음식의 과잉

제1절
제사상의 음양오행

차례는 명절에, 제사는 기일에 조상님을 추모하며 차나 음식을 올리며 예를 올리는 의식이다. 광의의 의미로 모두 제사이므로 혼용해서 써도 무방하다.

사주 명리학의 모태는 음양오행이다. 제사상 차림에는 음양오행과 풍수지리의 이론이 들어 있으므로 다루어 본다. 한국국학진흥원에서 제시한 대로 음식의 가짓수를 간소화해 보지만, 적은 음식이라도 격식은 차리고 싶은 것이 인지상정이다. 제사상 차림과 관련이 있는 사자성어들을 중심으로, 음양오행 및 풍수지리와 관련된 기본 지식들을 정리해 본다.

1 오행의 색, 방위, 4방위신

__수오행... 흑색 – 북쪽 – 현무 – 신위, 지방, 조상
__목오행... 청색 – 동쪽 – 청룡
__화오행... 적색 – 남쪽 – 주작 – 제주, 주인
__토오행... 황색 – 중앙
__금오행... 백색 – 서쪽 – 백호

집안에서 제사상의 위치는 사자의 방위인 북쪽이다. 제사상에서도 북쪽이 조상의 자리이므로 신위나 지방을 올려놓는다. 조상이 제사상을 받는다는 것은 북쪽에 앉아서 자손이 있는 남쪽을 바라본다는 의미이다. 조상을 모시는 주인인 '제주'는 남쪽에서 북쪽의 제사상과 신위를 섬기는 위치에 있게 된다.

용어의 혼동을 피하기 위해서 방위를 나타내는 '동쪽·서쪽·남쪽·북쪽'은 신위, 즉 조상이 제사상을 바라보는 입장에서의 방위이다. 왼쪽(좌측), 오른쪽(우측)은 제주가 제사상을 바라볼 때 쓰는 방위 명칭으로 통일한다.

② 제사상 관련 사자성어 정리

__좌남우녀(左男右女)...__
제주가 제사상을 바라볼 때 좌측에 남자 조상, 우측에 여자 조상의 신위를 둔다. 좌상우하이므로 좌측이 상석이며, 남자 조상에 먼저 술을 올린다. 반면에 결혼할 때는 주례사 입장에서 남자는 좌측이고, 여자는 우측이 된다.

__좌면우병(左麵右餠)...__
제주가 제사상을 바라볼 때 좌측은 면, 우측은 과자나 떡을 놓는다.

__좌포우혜(左脯右醯)...__
제주가 제사상을 바라볼 때 좌측이 포, 우측이 식혜이다. 좌측에 놓는 걸로 보아 포는 육포이나, 생선포로 대신하기도 한다.

__갱동반서(羹東飯西)...__
신위 또는 조상이 제사상을 바라볼 때 동쪽에 갱(국), 서쪽에 반(밥)이 있도록 한다. 산 사람과 반대이다. 수저는 국과 밥 사이에 놓는다.

__생동숙서(生東熟西)...__
신위가 제사상을 바라볼 때 동쪽에 날 것, 서쪽에 익힌 음식을 둔다. 김치와 삼색나물이 이에 해당된다.

__어동육서(魚東肉西)...__
신위가 제사상을 바라볼 때 동쪽에 생선, 서쪽에 육고기를 둔다. 풍수지리에서 좌청룡 우백호라고 한다. 동쪽은 청룡이므로 물에 사는 짐승이고, 서쪽은 백호이니 뭍에 사는 짐승이다.

두동미서(頭東尾西)…

신위가 제사상을 바라볼 때 생선이나 포의 머리는 동쪽, 꼬리는 서쪽 방향으로 둔다. 동쪽은 지대가 높고, 서쪽은 지대가 낮다. 동쪽으로 머리를 향하는 것이 맞다.

조율이시(棗栗梨柿)…

신위가 제사상을 바라볼 때 맨 끝 서쪽부터 대추, 밤, 배, 감 순서로 둔다. 대추는 제일 작지만 첫 번째 순서이다. 대추나무에는 대추 열매가 주렁주렁 많이 열린다. 씨앗이 하나이므로 순수한 가문의 혈통을 이어받는 자손들이 많고, 번창하길 기원하는 의미가 담겨 있다.

홍동백서(紅東白西)…

신위가 제사상을 바라볼 때 동쪽에 붉은 음식, 서쪽에 흰색 음식을 둔다. 조율이시와 위반된다고 하지만, 사과와 배가 있을 때 붉은 사과는 동쪽, 배는 서쪽에 있어야 한다는 의미이다.

적전중앙(炙奠中央)…

전은 제사상의 중앙에 둔다. 동쪽에 어적, 서쪽에 육적을 둔다.

건좌습우(乾左濕右)…

마르고 건조한 음식은 좌측, 국물이 있고 습한 음식은 우측에 둔다.

접동잔서(接東盞西)…

접시는 동쪽, 잔은 서쪽에 둔다.

② 제사 음식의 과잉

제사상에 관련된 사자성어에서 언급한 음식만 일단 열거해본다.

면, 과자, 떡, 포, 식혜, 국, 밥, 생요리, 숙요리, 생선, 육고기, 대추, 밤, 배, 감, 사과, 어적, 육적 등 18개 종류나 된다.

이 음식을 누가 다 마련하는가?

이 정도의 정성은 들여야 후손들이 복을 받는다. 제사를 지낸 후에 어차피 산 사람이 먹는 것 아니냐는 등의 이유로 구름과 같이 많은 음식을 만들곤 한다.

차례는 말 그대로 조상님께 차를 대접하고, 감사의 예를 올리는 것이다. 한 뿌리에서 나왔음을 확인하고, 하나의 구심점이 되어 얼굴도 보고, 가족의 단합을 다지기 위한 의식이다.

'화합이 그 이념이니, 준비하는 과정도 당연히 화목해야 한다.'

죽어야 흥리라

장아

제28장
세시풍속 및 민간 신앙, 미신

제1절 세시풍속
　①세시풍속이란
　②세시풍속 명절

제2절 명절 문화와 민간 신앙
　①설날과 추석
　②정월대보름
　③광군절, 농업의 날 11월 11일
　④민간 신앙 및 미신

제1절 세시풍속

1 세시풍속이란

세시풍속은 '세시와 풍속이 합친 말'로 기후와 계절이 중요한 농경사회에서 유래되고 발달되었다.

농사의 풍작을 기원하고, 마을 공동체의 안정과 화합, 추수에 대한 감사를 위한 농경 의식이며 행사이다. 주로 24절기와 관련이 있어 태양력을 사용하나, 음력도 혼용한다.

② 세시풍속 명절

옛날에는 달력이 보급되지 않아 달을 기준으로 날짜를 가늠했다. 특히 보름달이 뜨는 음력 15일은 매우 중요한 기준일이다. 음양오행 이론에 의하면 양은 밝고 길한 것을 의미하며, 숫자 중에서도 홀수에 해당한다. 홀수가 겹치면 중양일이다.

- 1월 1일   설날
- 1월 15일   정월대보름
- 3월 3일   삼짇날
- 5월 5일   단오
- 7월 7일   칠석
- 8월 15일   추석
- 9월 9일   중양절

❖ 12월 22일 동지

밤이 가장 긴 날이다. 게다가 짝수가 겹치는 날이니 음기가 왕성하다. 붉은 색은 양기를 보충하는 색깔이다. 팥죽을 끓여 먹으며 나쁜 기운을 쫓아낸다

제2절
명절 문화와 민간 신앙

1 설날과 추석

음력 1월 1일은 **설날**이다. 집집마다 조상을 위해 차례를 지내고, 세배를 한다. 만두와 떡국을 해먹는다.

그 다음날부터는 다른 친척집이나 어른들께 인사를 다니고, 여러 가지 세시 놀이를 하게 되니 설날부터 정월대보름까지 15일간은 축제 기간이다.

양력 4월 20일은 **곡우**이다. 곡우가 되면 못자리 마련부터 실질적으로 농사가 시작된다. 그러므로, 2월까지는 그나마 한가하게 놀이에 집중할 수 있는 것이다.

음력 8월 15일은 **추석**이다. 보름달이 뜬다. 송편을 해 먹고, 조상을 위해 차례를 지낸다.

② 정월대보름

정월대보름은 **음력**으로 **1월 15일**이다. 양력으로 2월이다. 달이 지구와 가장 근접해지므로 1년 중에 가장 큰 달이 뜬다. 만월은 풍요를 상징하므로, 자연히 풍년과 안녕을 염원하는 문화가 함께 발달하였다. 현대까지 전승된 풍속 위주로 살펴보겠다.

1 오곡밥과 나물 반찬

오곡밥은 쌀, 찹쌀, 조, 수수, 보리 등 다섯 가지 이상의 곡식으로 지은 잡곡밥이다. 나물은 묵은 나물 위주로 박나물, 고사리, 말린 버섯, 무, 호박오가리, 시래기 등이다. 오곡밥과 나물 반찬을 며칠 동안 먹으라고 한다. 고된 농사가 시작되기 전에 영양 보충을 충분히 해 두라는 의미이다.

2 부럼 깨물기

견과류는 항산화성분이 많아 심장질환과 피부의 노화방지에 좋다.

호두, 밤, 땅콩, 은행, 잣 등을 준비해 둔다. 정월대보름날 아침에 눈을 뜨자 마자 '아작' 소리가 나도록 깨물어 먹는다. **'부럼 깨물기'** 라고 하는 이유는 피부의 부스럼병이 놀라서 달아나게 한다는 것이다.

견과류를 먹을 때 어금니의 저작활동이 활동이 활발해진다. 저작활동은 치아를 튼튼하게 하고, 잠들어 있는 뇌의 활성화를 돕는다. 실제로 호두에는 뇌에 필요한 불포화지방산과 오메가 3 영양소가 많이 들어 있다.

3 놀이 문화

현재는 대부분 사라졌지만 연날리기, 윷놀이, 널뛰기, 줄다리기, 씨름, 차전놀이, 망우리(깡통) 돌리기, 다리 밟기, 복토 훔치기, 용알 뜨기, 더위 팔기 등이 있었다. 모두 본격적으로 농사를 짓기 전에 마을 사람들끼리 만남의 이유를 갖고 단합과 화합, 체력과 건강을 다지기 위한 사전 준비 작업으로 해석된다.

망월 또는 달맞이는 큰 달을 보고 소원을 비는 것으로 여전히 전승되고 있다.

반대로 초승달과 관련해서는 서서 초승달을 보면 차오르는 달이라서 그런지 '이번달은 아주 바쁘겠다' 라고 하고, 초승달을 누워서 보면 '누가 아프겠다' 라고 하던 어른들의 말이 생각난다.

③ 광군절, 농업의 날 11월 11일

양력 11월 11일은 양의 숫자가 4개나 겹친다. 우리나라는 명절이 아니다. 농업의 날, 가래떡 데이, 빼빼로 데이이다. 중국에서는 이 기간 동안 광군제 또는 광군절이라 하여 미국의 블랙 프라이데이를 능가하는 쇼핑 매출을 올린다.

광군절은 양력으로 11월 11일인데, 혼자를 뜻하는 1이 네 개나 있어 '광군', 즉 애인이 없는 솔로 데이를 뜻한다. 애인이 없는 솔로의 외로움을 쇼핑으로 달랠 수 있도록 백화점, 여행사, 쇼핑몰 등에서 최대 할인 행사를 하니 쇼핑 데이, 소비 지출의 날이기도 하다. 독신 남녀끼리 만나는 소개팅 데이로 진화하고 있다.

④ 민간 신앙 및 미신

1 부적으로 쓰는 동물 민화

- **개 그림** ☞ 재산을 보호한다.
- **닭 그림** ☞ 새벽을 알려 귀신이 도망간다. 닭의 벼슬은 출세를 의미한다.
- **해태 그림** ☞ 화재를 방지한다.
- **호랑이 그림** ☞ 나쁜 기운, 액운을 물리친다.

__매 그림 ☞ 날카로운 부리와 발톱으로 귀신을 물리친다. 삼재 때 매 그림을 쓴다.

__용 그림 ☞ 벼슬과 부자의 상징이다.

2 마방진

낙서의 후천수에서 유래한다.

네모 칸 안에 가로와 세로 각각 두 개씩 선을 그으면 구궁도가 된다.

가로와 세로, 대각선의 합이 각각 15가 되어야 한다.

현관 문에 붙이면 귀신이 문제를 푸느라 집에 들어오지 못한다고 한다.

4 손 (진, 사)	9 이 (오) -하	2 곤 (미, 신)
3 진 (묘) -춘	5	7 태 (유) -추
8 간 (인, 축)	1 감 (자) -동	6 건 (술, 해)

3 팔괘경

오목과 볼록 팔괘경 한 세트를 문에서 밖을 향해 걸어 둔다.

흉한 일은 막아내고, 길한 운을 불러들인다.

부적 대신 언제, 어디서든 광범위하게 활용하기에 좋다.

좋은 運을 부르는
사주 명리학

1판 1쇄 발행 | 2022년 09월 15일

지은이 | 주성민
펴낸이 | 박형규
펴낸곳 | 학산출판사

주소 | 서울시 종로구 종로 127-2 영흥빌딩 502호
전화 | 010-7143-0543 / 02)765-1468
이메일 | boak5959@naver.com
출판등록 | 2017년 12월 29일

ISBN 979-11-962938-6-4 (93180)

- 이 책 내용의 일부 또는 전부를 재사용하려면 반드시 지은이와 학산출판사 양측의 서면에 의한 동의를 받아야 합니다.
- 책값은 표지에 있습니다.
- 잘못 만들어진 책은 구입처 및 본사에서 교환해 드립니다.